ITC 국제토셀위원회

TOSEL
예상문제집

개정판

STARTER

TOSEL 기출 문제 5회 수록
국제토셀위원회 공식 교재

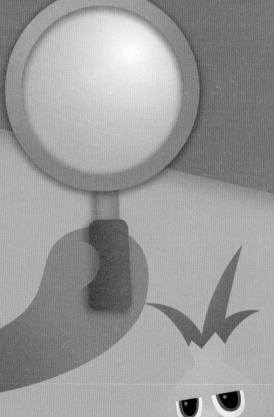

CONTENTS

정답 및 해설 별책

About this book

① Actual Test

토셀 최신 유형을 반영하여
실전 모의고사를 5회 실었습니다.
수험자들의 토셀 시험 대비 및
적응력 향상에 도움이 됩니다.

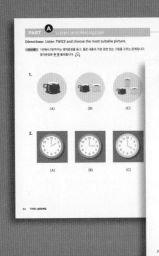

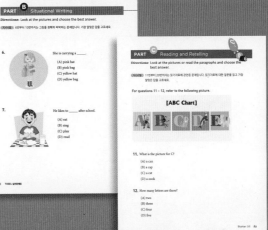

② Appendix

필수 어휘를 포함해 모의고사
빈출 어휘 목록을 수록했습니다.
평소 어휘 정리뿐만 아니라
시험 직전 대비용으로 활용 가능합니다.

③ Answer

자세한 해설과 문제 풀이로
오답 확인 및 시험 대비를 위한 정리가 가능합니다.

TOSEL® Level Chart TOSEL 단계표

COCOON
아이들이 접할 수 있는 공식 인증 시험의 첫 단계로써, 아이들의 부담을 줄이고
즐겁게 흥미를 유발할 수 있도록 컬러풀한 색상과 디자인으로 시험지를 구성하였습니다.

Pre-STARTER
친숙한 주제에 대한 단어, 짧은 대화, 짧은 문장을 사용한 기본적인 문장표현 능력을 측정합니다.

STARTER
흔히 접할 수 있는 주제와 상황과 관련된 주제에 대한 짧은 대화 및 짧은 문장을 이해하고
일상생활 대화에 참여하며 실질적인 영어 기초 의사소통 능력을 측정합니다.

BASIC
개인 정보와 일상 활동, 미래 계획, 과거의 경험에 대해 구어와 문어의 형태로 의사소통을
할 수 있는 능력을 측정합니다.

JUNIOR
일반적인 주제와 상황을 다루는 회화와 짧은 단락, 실용문, 짧은 연설 등을 이해하고 간단한
일상 대화에 참여하는 능력을 측정합니다.

HIGH JUNIOR
넓은 범위의 사회적, 학문적 주제에서 영어를 유창하고 정확하게, 효과적으로 사용할 수 있는
능력 및 중문과 복잡한 문장을 포함한 다양한 문장구조의 사용 능력을 측정합니다.

ADVANCED
대학 및 대학원에서 요구되는 영어능력과 취업 또는 직업근무환경에 필요한 실용영어능력을
측정합니다.

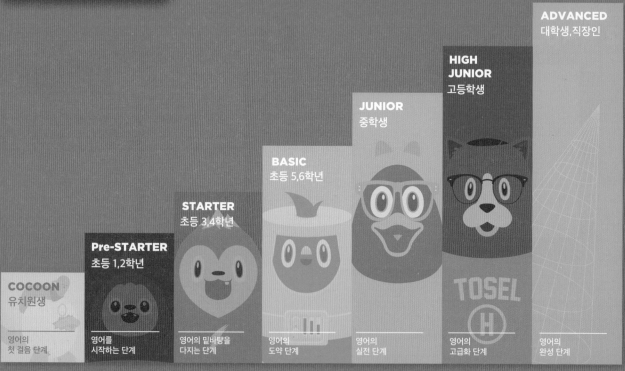

ADVANCED
대학생.직장인

HIGH JUNIOR
고등학생

JUNIOR
중학생

BASIC
초등 5,6학년

STARTER
초등 3,4학년

Pre-STARTER
초등 1,2학년

COCOON
유치원생

영어의
첫 걸음 단계

영어를
시작하는 단계

영어의 밑바탕을
다지는 단계

영어의
도약 단계

영어의
실전 단계

영어의
고급화 단계

영어의
완성 단계

About TOSEL® ────── TOSEL에 대하여

TOSEL은 각급 학교 교과과정과 연령별 인지단계를 고려하여 단계별 난이도와 문항으로
영어 숙달 정도를 측정하는 영어 사용자 중심의 맞춤식 영어능력인증 시험제도입니다.
평가유형에 따른 개인별 장점과 단점을 파악하고, 개인별 영어학습 방향을 제시하는 성적분석자료를 제공하여
영어능력 종합검진 서비스를 제공함으로써 영어 사용자인 소비자와
영어능력 평가를 토대로 영어교육을 담당하는 교사 및 기관 인사관리자인 공급자를
모두 만족시키는 영어능력인증 평가입니다.

TOSEL은 인지적-학문적 언어 사용의 유창성 (Cognitive-Academic Language Proficiency, CALP)과
기본적-개인적 의사소통능력 (Basic Interpersonal Communication Skill, BICS)을
엄밀히 구분하여 수험자의 언어능력을 가장 친밀하게 평가하는 시험입니다.

대상	목적	용도
유아, 초, 중, 고등학생, 대학생 및 직장인 등 성인	한국인의 영어구사능력 증진과 비영어권 국가의 영어 사용자의 영어구사능력 증진	실질적인 영어구사능력 평가 + 입학전형 및 인재선발 등에 활용 및 직무역량별 인재 배치

연혁

2002.02	국제토셀위원회 창설 (수능출제위원역임 전국대학 영어전공교수진 중심)
2004.09	TOSEL 고려대학교 국제어학원 공동인증시험 실시
2006.04	EBS 한국교육방송공사 주관기관 참여
2006.05	민족사관고등학교 입학전형에 반영
2008.12	고려대학교 편입학시험 TOSEL 유형으로 대체
2009.01	서울시 공무원 근무평정에 TOSEL 점수 가산점 부여
2009.01	전국 대부분 외고, 자사고 입학전형에 TOSEL 반영 (한영외국어고등학교, 한일고등학교, 고양외국어고등학교, 과천외국어고등학교, 김포외국어고등학교, 명지외국어고등학교, 부산국제외국어고등학교, 부일외국어 고등학교, 성남외국어고등학교, 인천외국어고등학교, 전북외국어고등학교, 대전외국어고등학교, 청주외국어고등학교, 강원외국어고등학교, 전남외국어고등학교)
2009.12	청심국제중・고등학교 입학전형 TOSEL 반영
2009.12	한국외국어교육학회, 팬코리아영어교육학회, 한국음성학회, 한국응용언어학회 TOSEL 인증
2010.03	고려대학교, TOSEL 출제기관 및 공동 인증기관으로 참여
2010.07	경찰청 공무원 임용 TOSEL 성적 가산점 부여
2014.04	전국 200개 초등학교 단체 응시 실시
2017.03	중앙일보 주관기관 참여
2018.11	관공서, 대기업 등 100여 개 기관에서 TOSEL 반영
2019.06	미얀마 TOSEL 도입 발족식 베트남 TOSEL 도입 협약식
2019.11	고려대학교 편입학전형 반영
2020.06	국토교통부 국가자격시험 TOSEL 반영
2021.07	소방청 간부후보생 선발시험 TOSEL 반영
2021.11	고려대학교 공과대학 기계학습・빅데이터 연구원 AI 연구 협약
2022.05	AI 영어학습 플랫폼 TOSEL Lab 공개
2023.11	고려대학교 경영대학 전국 고등학생 대상 정기캠퍼스 투어 프로그램 후원기관 참여
2024.01	제1회 TOSEL VOCA 올림피아드 실시
2024.03	고려대학교 미래교육원 TOSEL 전문가과정 개설

Evaluation ——————— 평가

평가의 기본원칙
TOSEL은 PBT(Paper Based Test)를 통하여 간접평가와 직접평가를 모두 시행합니다.

TOSEL은 언어의 네 가지 요소인 읽기, 듣기, 말하기, 쓰기 영역을 모두 평가합니다.

문자언어   음성언어

읽기능력   +   듣기능력

쓰기능력   말하기능력

↓

대한민국 대표 영어능력 인증 시험제도

TOSEL®

Reading 읽기	모든 레벨의 읽기 영역은 직접 평가 방식으로 측정합니다.
Listening 듣기	모든 레벨의 듣기 영역은 직접 평가 방식으로 측정합니다.
Writing 쓰기	모든 레벨의 쓰기 영역은 간접 평가 방식으로 측정합니다.
Speaking 말하기	모든 레벨의 말하기 영역은 간접 평가 방식으로 측정합니다.

TOSEL은 연령별 인지단계를 고려하여 아래와 같이 7단계로 나누어 평가합니다.

1 단계	**TOSEL**® COCOON	5~7세의 미취학 아동
2 단계	**TOSEL**® Pre-STARTER	초등학교 1~2학년
3 단계	**TOSEL**® STARTER	초등학교 3~4학년
4 단계	**TOSEL**® BASIC	초등학교 5~6학년
5 단계	**TOSEL**® JUNIOR	중학생
6 단계	**TOSEL**® HIGH JUNIOR	고등학생
7 단계	**TOSEL**® ADVANCED	대학생 및 성인

Grade Report

— 성적표 및 인증서

고도화 성적표: 응시자 개인별 최적화 AI 정밀진단

20여년간 축적된 약 100만명 이상의 엄선된 응시자 빅데이터를 TOSEL AI로 분석·진단한 개인별 성적자료

전국 단위 연령, 레벨 통계자료를 활용하여 보다 정밀한 성취 수준 판별
파트별 강/약점, 영역별 역량, 8가지 지능, 단어 수준 등을 비교 및 분석하여 폭넓은 학습 진단
오답 문항 유형별 심층 분석 자료 및 솔루션으로 학습 방향 제시, TOSEL과 수능 및 교과학습 성취기준과의 연계
모바일 기기 지원 - UX/UI 개선, 반응형 웹페이지로 구현되어 태블릿, 휴대폰, PC 등 다양한 기기 환경에서 접근 가능

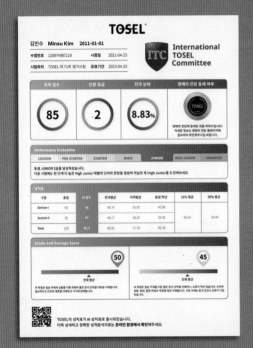

기본 제공 성적표

고도화 성적표 (일부 유료)

단체 성적 분석 자료

단체 및 기관 대상

- 레벨별 평균성적추이, 학생분포
  섹션 및 영역별 평균 점수, 표준편차

TOSEL Lab 지정교육기관 대상 추가 제공

- 원생 별 취약영역 분석 및 보강방안 제시
- TOSEL수험심리척도를 바탕으로 학생의 응답 특이성을
  파악하여 코칭 방안 제시
- 전국 및 지역 단위 종합적 비교분석
  (레벨/유형별 응시자 연령 및 규모, 최고득점 등)

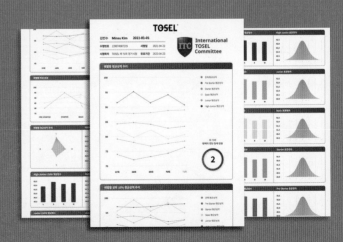

'토셀 명예의 전당' 등재

특별시, 광역시, 도 별 **1등 선발**
(7개시 9개도 **1등 선발**)

*홈페이지 로그인 - 시험결과 - 명예의 전당에서
 해당자 등재 증명서 출력 가능

'학업성취기록부'에 토셀 인증등급 기재

개인별 **'학업성취기록부'** 평생 발급
진학과 취업을 대비한 **필수 스펙관리**

인증서

대한민국 초,중,고등학생의 영어숙달능력 평가 결과 공식인증

고려대학교 인증획득 (2010. 03)

한국외국어교육학회 인증획득 (2009. 12)

한국음성학회 인증획득 (2009. 12)

한국응용언어학회 인증획득 (2009. 11)

팬코리아영어교육학회 인증획득 (2009. 10)

Actual Test 1

음원 QR 코드

Listening and Speaking

Part **A** *Listen and Recognize*

5 Questions

Part **B** *Listen and Respond*

5 Questions

Part **C** *Listen and Retell*

10 Questions

Directions: Listen *TWICE* and choose the most suitable picture.

지시사항 1번에서 5번까지는 영어문장을 듣고, 들은 내용과 가장 관련 있는 그림을 고르는 문제입니다. 영어문장은 **두 번** 들려줍니다.

1.

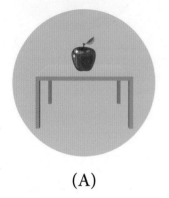 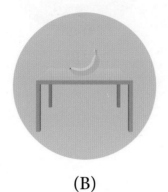 

(A) (B) (C)

2.

(A) (B) (C)

3.

(A)   (B)   (C)

4.

(A)   (B)   (C)

5.

(A)   (B)   (C)

PART B — Listen and Respond

Directions: Listen *TWICE* and choose the best response.

지시사항   6번부터 10번까지는 영어 문장을 듣고, 들은 말에 대한 가장 알맞은 대답을 고르는 문제입니다.
영어질문과 보기는 **두 번** 들려주며 (A), (B), (C) 중에서 하나를 고르세요.

6. Mark your answer on your answer sheet.

7. Mark your answer on your answer sheet.

8. Mark your answer on your answer sheet.

9. Mark your answer on your answer sheet.

10. Mark your answer on your answer sheet.

Directions: Listen *TWICE* and choose the best answer.

11. When does the girl go to her piano lesson?

(A)

(B)

(C)

12. What does the boy want to do?

(A)

(B)

(C)

13. What does the girl's father have?

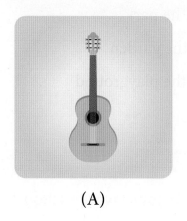
(A)

(B)

(C)

14. What are they looking at?

(A)

(B)

(C)

15. Where are the cookies?

(A)

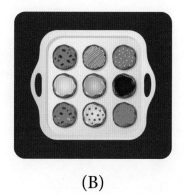
(B)

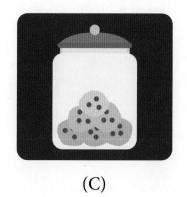
(C)

16. How old is the girl's brother?

(A) five

(B) six

(C) seven

17. What time does the game start?

(A) at 7:00

(B) at 8:00

(C) at 9:00

18. Where does the girl's mother work?

(A) at a pet store

(B) at a zoo

(C) at a farm

19. Where are they?

(A) in the park

(B) in the garden

(C) in the playground

20. What is Jenny's favorite school subject?

(A) math

(B) English

(C) science

Reading and Writing

Part **A** *Sentence Completion*
5 Questions

Part **B** *Situational Writing*
5 Questions

Part **C** *Reading and Retelling*
10 Questions

Directions: Read the sentences and choose the best one for each blank.

지시사항 1번에서 5번까지는 빈칸을 알맞게 채워 대화를 완성하는 문제입니다. 가장 알맞은 답을 고르세요.

1. _____ is hungry.

(A) I

(B) You

(C) She

(D) They

2. Amy has _____ friends.

(A) a

(B) an

(C) much

(D) many

3. Mom _____ the cake with a knife.

(A) cut

(B) cuts

(C) cutter

(D) cutting

4. I go to my English class _____ Wednesday.

(A) at

(B) in

(C) on

(D) between

5. Jack is _____ his homework.

(A) do

(B) doer

(C) does

(D) doing

PART B Situational Writing

Directions: Look at the pictures and choose the best answer.

지시사항 6번부터 10번까지는 그림을 정확히 파악하는 문제입니다. 가장 알맞은 답을 고르세요.

6.

The girl is _____.

    (A) singing

    (B) sleeping

    (C) studying

    (D) dancing

7.

This sign means "_____".

    (A) stop

    (B) turn left

    (C) turn right

    (D) go straight

8.

Mom _____ a present.

    (A) is

    (B) gives

    (C) throws

    (D) makes

9.

The baby _____ in the bed.

    (A) drinks

    (B) eats

    (C) sleeps

    (D) plays

10.

My grandmother _____.

    (A) goes to the shop

    (B) drinks water

    (C) plays a guitar

    (D) reads a book

Directions: Look at the pictures or read the paragraphs and choose the best answer.

> 지시사항 11번부터 20번까지는 읽기자료에 관련된 문제입니다. 읽기자료에 대한 질문을 읽고 가장 알맞은 답을 고르세요.

For questions 11 – 12, refer to the following picture.

11. How much is a candy cane?

(A) $ 1

(B) $ 2

(C) $ 3

(D) $ 5

12. What shape is the chocolate?

(A) a bear

(B) a bean

(C) a bubble

(D) a cane

For questions 13 – 14, refer to the following picture.

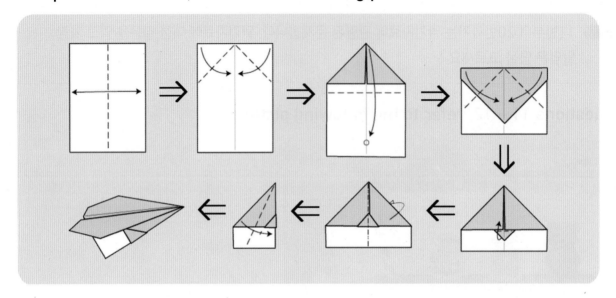

13. What does '--------' mean?

    (A) cut

    (B) glue

    (C) fold

    (D) tape

14. What shape is the paper at first?

    (A) square

    (B) rectangle

    (C) circle

    (D) triangle

For questions 15 – 16, refer to the following chart.

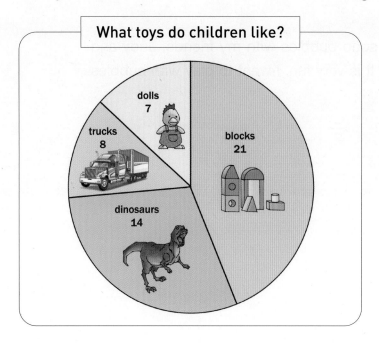

What toys do children like?

dolls 7

trucks 8

blocks 21

dinosaurs 14

15. What toy do children like the most?

(A) blocks

(B) dinosaurs

(C) trucks

(D) dolls

16. How many children like dinosaurs?

(A) 7

(B) 8

(C) 14

(D) 21

For questions 17 – 18, refer to the following passage.

My name is Luke. Today, I make soap bubbles with my friends, Judy and Robert. My bubble is the biggest. It is very fun. I want to play with bubbles again.

17. What does Luke make?

(A) lotion bubbles

(B) shampoo bubbles

(C) toothpaste bubbles

(D) soap bubbles

18. Whose bubble is the biggest?

(A) Luke's bubble

(B) Judy's bubble

(C) Robert's bubble

(D) all were the same

For questions 19 – 20, refer to the following passage.

This fruit is very big. It is round and has black stripes. It has a green outside and red inside. It also has black seeds. We can make juice or slush with it. We usually eat it in summer.

19. What fruit is it?

    (A) banana

    (B) watermelon

    (C) apple

    (D) grape

20. When do we usually eat this fruit?

    (A) spring

    (B) summer

    (C) autumn

    (D) winter

Actual Test 2

음원 QR 코드

Listening and Speaking

Part **A** *Listen and Recognize*
5 Questions

Part **B** *Listen and Respond*
5 Questions

Part **C** *Listen and Retell*
10 Questions

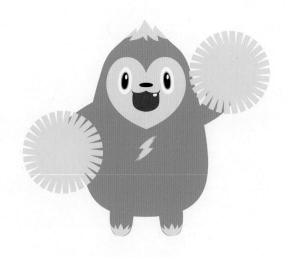

Directions: Listen *TWICE* and choose the most suitable picture.

지시사항 1번에서 5번까지는 영어문장을 듣고, 들은 내용과 가장 관련 있는 그림을 고르는 문제입니다. 영어문장은 **두 번** 들려줍니다.

1.

(A) (B) (C)

2.

(A) (B) (C)

3.

(A)

(B)

(C)

4.

(A)

(B)

(C)

5.

(A)

(B)

(C)

Directions: Listen *TWICE* and choose the best response.

지시사항 6번부터 10번까지는 영어 문장을 듣고, 들은 말에 대한 가장 알맞은 대답을 고르는 문제입니다. 영어질문과 보기는 **두 번** 들려주며 (A), (B), (C) 중에서 하나를 고르세요.

6. Mark your answer on your answer sheet.

7. Mark your answer on your answer sheet.

8. Mark your answer on your answer sheet.

9. Mark your answer on your answer sheet.

10. Mark your answer on your answer sheet.

Directions: Listen *TWICE* and choose the best answer.

지시사항 11번부터 20번까지는 짧은 대화나 이야기를 **두 번** 듣고, 주어진 질문에 가장 알맞은 답을 고르는 문제입니다. 🎧

11. Which one is the boy's family?

(A) (B) (C)

12. Can the boy sing?

(A) (B) (C)

13. How is the weather?

(A)   (B)   (C)

14. How do they get to school?

(A)   (B)   (C)

15. What does she do?

(A)   (B)   (C)

16. What color is the teacher's eraser?

    (A) green

    (B) white

    (C) black

17. What season does the boy like?

    (A) summer

    (B) spring

    (C) winter

18. How does the girl go to her grandmother's house?

    (A) by car

    (B) by train

    (C) by airplane

19. What does the boy want to do with his sister?

    (A) to play ball games

    (B) to run around

    (C) to study English

20. Why does the girl NOT like the rain?

    (A) because she can play

    (B) because she gets wet

    (C) because she gets cold

Reading and Writing

Part **A** *Sentence Completion*
5 Questions

Part **B** *Situational Writing*
5 Questions

Part **C** *Reading and Retelling*
10 Questions

PART **A** Sentence Completion

Directions: Read the sentences and choose the best one for each blank.

지시사항 1번에서 5번까지는 빈칸을 알맞게 채워 대화를 완성하는 문제입니다. 가장 알맞은 답을 고르세요.

1. Pizza is _____ favorite food.

    (A) I

    (B) me

    (C) my

    (D) mine

2. I wear socks _____ my feet.

    (A) on

    (B) up

    (C) under

    (D) behind

3. Please _____ on the light. It's dark!

    (A) turn

    (B) turns

    (C) turner

    (D) turning

4. An ant _____ a very small insect.

    (A) is

    (B) am

    (C) are

    (D) can

5. I am sorry, _____ I cannot do it.

    (A) or

    (B) but

    (C) when

    (D) before

Directions: Look at the pictures and choose the best answer.

지시사항 6번부터 10번까지는 그림을 정확히 파악하는 문제입니다. 가장 알맞은 답을 고르세요.

6.

The woman _____ at the store.

(A) reads the books

(B) buys the shirts

(C) wears the sunglasses

(D) has the hats

7.

The girl _____ a hamburger.

(A) is making

(B) is drinking

(C) is eating

(D) is cleaning

8.

The boy _____.

(A) holds a bag

(B) wears rain boots

(C) wears a raincoat

(D) holds an umbrella

9.

The school is _____ the bookstore.

(A) behind

(B) next to

(C) between

(D) in front of

10.

The girl _____ the cake.

(A) makes

(B) cuts

(C) eats

(D) gets

Directions: Look at the pictures or read the paragraphs and choose the best answer.

지시사항 11번부터 20번까지는 읽기자료에 관련된 문제입니다. 읽기자료에 대한 질문을 읽고 가장 알맞은 답을 고르세요.

For questions 11 – 12, refer to the following picture.

11. Who is wearing a purple shirt?

(A) Peter

(B) Sam

(C) Andy

(D) John

12. What does Peter play?

(A) flute

(B) piano

(C) violin

(D) guitar

For questions 13 – 14, refer to the following TV program schedule.

Monday Afternoon TV Program

	3 PM	4 PM
Channel 6	Cooking with Mom	Computer World
Channel 7	Let's Learn English	The Little Prince

13. When does "Cooking with Mom" start?

(A) 3:00 PM

(B) 3:30 PM

(C) 4:00 PM

(D) 4:30 PM

14. How long is "Let's Learn English"?

(A) 3:00 PM

(B) 4:00 PM

(C) one hour

(D) two hours

For questions 15 – 16, refer to the following e-mail.

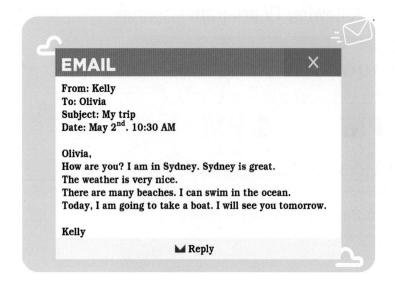

EMAIL ✕

From: Kelly
To: Olivia
Subject: My trip
Date: May 2nd. 10:30 AM

Olivia,
How are you? I am in Sydney. Sydney is great.
The weather is very nice.
There are many beaches. I can swim in the ocean.
Today, I am going to take a boat. I will see you tomorrow.

Kelly

◣ Reply

15. Where is Kelly?

(A) in Seoul

(B) in London

(C) in Sydney

(D) in New York

16. When will Kelly see Olivia?

(A) May 1st

(B) May 2nd

(C) May 3rd

(D) May 4th

For questions 17 – 18, refer to the following passage.

> There lives an ant. He wants to drink water. He goes near the water, but he falls into the water. A dove sees the ant in the water. She gives a leaf to the ant.

17. Why does the ant go to the water?

(A) because the ant wants to swim

(B) because the ant wants to see a dove

(C) because the ant wants to drink water

(D) because the ant wants to fall into the water

18. Who sees the ant falling?

(A) a dove

(B) a leaf

(C) an ant

(D) a water

For questions 19 – 20, refer to the following passage.

> Children need to eat many kinds of foods. They should eat meat, vegetables, grains, fruits, and milk products every day. Children should eat well to grow big and tall.

19. How often do children need to eat vegetables?

(A) every day

(B) sometimes

(C) once a week

(D) twice a week

20. Why should children eat well?

(A) to be fat

(B) to sleep well

(C) to get old

(D) to grow big

Actual Test 3

Section I

Listening and Speaking

Part **A** *Listen and Recognize*
5 Questions

Part **B** *Listen and Respond*
5 Questions

Part **C** *Listen and Retell*
10 Questions

Directions: Listen *TWICE* and choose the most suitable picture.

지시사항 1번에서 5번까지는 영어문장을 듣고, 들은 내용과 가장 관련 있는 그림을 고르는 문제입니다.
영어문장은 **두 번** 들려줍니다.

1.

(A)

(B)

(C)

2.

(A)

(B)

(C)

3.

(A)

(B)

(C)

4.

(A)

(B)

(C)

5.

(A)

(B)

(C)

PART B Listen and Respond

Directions: Listen *TWICE* and choose the best response.

지시사항 6번부터 10번까지는 영어 문장을 듣고, 들은 말에 대한 가장 알맞은 대답을 고르는 문제입니다. 영어질문과 보기는 **두 번** 들려주며 (A), (B), (C) 중에서 하나를 고르세요. 🎧B

6. Mark your answer on your answer sheet.

7. Mark your answer on your answer sheet.

8. Mark your answer on your answer sheet.

9. Mark your answer on your answer sheet.

10. Mark your answer on your answer sheet.

Directions: Listen *TWICE* and choose the best answer.

지시사항 11번부터 20번까지는 짧은 대화나 이야기를 **두 번** 듣고, 주어진 질문에 가장 알맞은 답을 고르는 문제입니다.

11.

Where are the girl's books?

(A)   (B)   (C)

12.

What will the boy do?

(A)   (B)   (C)

13. What can the boy do?

(A)   (B)   (C)

14. Where is the boy's new bag?

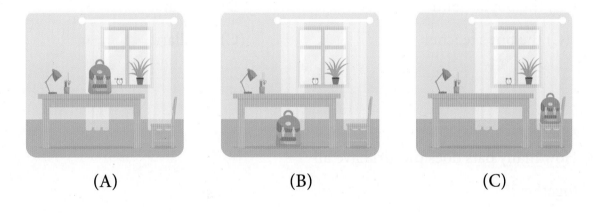

(A)   (B)   (C)

15. What does the girl want to buy?

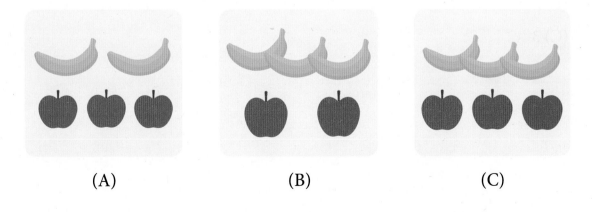

(A)   (B)   (C)

16. How will the girl go home?

    (A) on foot

    (B) by bus

    (C) by bicycle

17. Who is Jessica?

    (A) the boy's mother

    (B) the boy's friend

    (C) the boy's teacher

18. How many hats does the girl have all together?

    (A) 1

    (B) 2

    (C) 3

19. Why can't the boy go skating?

    (A) because he is late

    (B) because he has a cold

    (C) because he doesn't like skating

20. How much money will the girl need?

    (A) 1 dollar

    (B) 2 dollars

    (C) 4 dollars

Section II

Reading and Writing

Part **A** *Sentence Completion*
5 Questions

Part **B** *Situational Writing*
5 Questions

Part **C** *Reading and Retelling*
10 Questions

Directions: Read the sentences and choose the best one for each blank.

지시사항 1번에서 5번까지는 빈칸을 알맞게 채워 대화를 완성하는 문제입니다. 가장 알맞은 답을 고르세요.

1. _____ are you crying?

(A) Why

(B) How

(C) Where

(D) Which

4. My dad _____ a vet.

(A) is

(B) am

(C) do

(D) are

2. I have five _____.

(A) apple

(B) apples

(C) an apple

(D) an apples

5. Hello, _____ old are you?

(A) how

(B) what

(C) when

(D) where

3. The bird _____ in the sky.

(A) fly

(B) flys

(C) flies

(D) flying

PART **B** Situational Writing

Directions: Look at the pictures and choose the best answer.

지시사항 6번부터 10번까지는 그림을 정확히 파악하는 문제입니다. 가장 알맞은 답을 고르세요.

6.

They are in _____ class.

    (A) art

    (B) music

    (C) science

    (D) math

7.

The girl is _____ a computer game.

    (A) listening

    (B) reading

    (C) looking

    (D) playing

8.

The boy _____ a mountain.

    (A) rides

    (B) runs

    (C) climbs

    (D) comes

9.

It is _____.

    (A) rainy

    (B) sunny

    (C) cloudy

    (D) bright

10.

The girl wears _____.

    (A) blue pants

    (B) a purple shirt

    (C) a white blouse

    (D) a red skirt

Directions: Look at the pictures or read the passages and choose the best answer.

지시사항 11번부터 20번까지는 읽기자료와 관련된 문제입니다. 읽기자료에 대한 질문을 읽고 가장 알맞은 답을 고르세요.

For questions 11 – 12, refer to the following information.

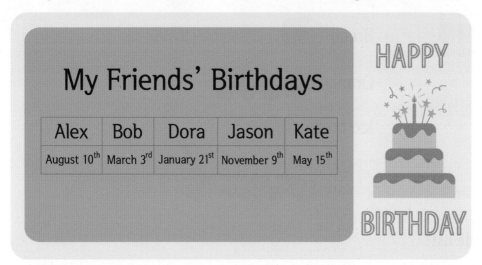

My Friends' Birthdays

Alex	Bob	Dora	Jason	Kate
August 10th	March 3rd	January 21st	November 9th	May 15th

11. Who was born in January?

(A) Alex

(B) Bob

(C) Dora

(D) Kate

12. When is Jason's birthday?

(A) March 3rd

(B) May 15th

(C) August 10th

(D) November 9th

For questions 13 – 14, refer to the following list.

13. What is NOT on the list?

(A) milk

(B) orange juice

(C) ice cream

(D) bread

14. How many eggs will Emma buy?

(A) one

(B) two

(C) three

(D) four

For questions 15 – 16, refer to the following invitation.

Children's Halloween Party

Enjoy Games, Prizes and, Great Food

When: Saturday, October 31st, 2009
Where: Greenhill Library
Time: 3:00 PM - 5:00 PM

15. What kind of party is it?

(A) Easter party

(B) Birthday party

(C) Christmas party

(D) Halloween party

16. What time does the party start?

(A) at two o'clock

(B) at three o'clock

(C) at four o'clock

(D) at five o'clock

For questions 17 – 18, refer to the following passage.

> I'm Julia. Every Saturday my friend Lisa comes to my house. In the morning, we play chess. After lunch, we usually go to the park. We walk my dog and ride our bicycles. When we get home, we read storybooks together.

17. When does Lisa visit Julia?

(A) every day

(B) in the evening

(C) on Saturdays

(D) on Sundays

18. What do they do in the morning?

(A) play chess

(B) ride bicycles

(C) walk the dog

(D) read story books

For questions 19 – 20, refer to the following passage.

I like insects. My favorite is the butterfly. There are many butterflies in our garden. They are very beautiful. I like their colorful wings. I think they look like ribbons. They like to fly over the flowers.

19. Where are the butterflies?

(A) in the garden

(B) in the house

(C) in the river

(D) in the tree

20. What do butterflies look like?

(A) a tie

(B) a wing

(C) a flower

(D) a ribbon

Actual Test 4

Section I

Listening and Speaking

Part **A** *Listen and Recognize*
5 Questions

Part **B** *Listen and Respond*
5 Questions

Part **C** *Listen and Retell*
10 Questions

Directions: Listen *TWICE* and choose the most suitable picture.

지시사항 1번에서 5번까지는 영어문장을 듣고, 들은 내용과 가장 관련 있는 그림을 고르는 문제입니다. 영어문장은 **두 번** 들려줍니다. 🎧Ⓐ

1.

(A)   (B)   (C)

2.

(A)   (B)   (C)

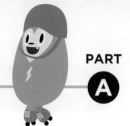

3.

(A)

(B)

(C)

4.

(A)

(B)

(C)

5.

(A)

(B)

(C)

Directions: Listen *TWICE* and choose the best response.

지시사항 6번부터 10번까지는 영어 문장을 듣고, 들은 말에 대한 가장 알맞은 대답을 고르는 문제입니다. 영어질문과 보기는 **두 번** 들려주며 (A), (B), (C) 중에서 하나를 고르세요. 🎧ᴮ

6. Mark your answer on your answer sheet.

7. Mark your answer on your answer sheet.

8. Mark your answer on your answer sheet.

9. Mark your answer on your answer sheet.

10. Mark your answer on your answer sheet.

PART C   Listen and Retell

Directions: Listen *TWICE* and choose the best answer.

지시사항 11번부터 20번까지는 짧은 대화나 이야기를 **두 번** 듣고, 주어진 질문에 가장 알맞은 답을 고르는 문제입니다. 🎧

11. How many pencils does the girl have?

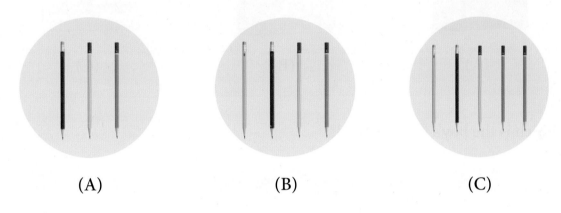

(A)   (B)   (C)

12. What sport does the boy like?

(A)   (B)   (C)

13. Which T-shirt is the girl's?

(A)   (B)   (C)

14. Which is the boy's favorite food?

(A)   (B)   (C)

15. Where is the girl's house?

(A)   (B)   (C)

16. What does the sister teach?

    (A) science

    (B) math

    (C) English

19. What does the boy usually do first?

    (A) do homework

    (B) watch TV

    (C) take a shower

17. Who is very kind to children?

    (A) Tom's grandpa

    (B) Tom's mother

    (C) Tom's brother

20. What season is it?

    (A) spring

    (B) winter

    (C) summer

18. What does the girl like playing?

    (A) the violin

    (B) the flute

    (C) the piano

Section II

Reading and Writing

Part **A** *Sentence Completion*
5 Questions

Part **B** *Situational Writing*
5 Questions

Part **C** *Reading and Retelling*
10 Questions

Directions: Read the sentences and choose the best one for each blank.

지시사항 1번에서 5번까지는 빈칸을 알맞게 채워 대화를 완성하는 문제입니다. 가장 알맞은 답을 고르세요.

1. _____ has a new pencil case.

(A) I

(B) He

(C) You

(D) They

4. I _____ a book every day.

(A) read

(B) reads

(C) reading

(D) is reading

2. I can smell with _____ nose.

(A) my

(B) you

(C) mine

(D) yours

5. We _____ five classes today.

(A) am

(B) are

(C) has

(D) have

3. I go to school _____ 8 o'clock.

(A) at

(B) in

(C) on

(D) to

Directions: Look at the pictures and choose the best answer.

지시사항 6번부터 10번까지는 그림을 정확히 파악하는 문제입니다. 가장 알맞은 답을 고르세요.

6.

The man _____ the ice cream.

    (A) sells

    (B) buys

    (C) eats

    (D) makes

7.

The girl _____ orange juice.

    (A) eats

    (B) buys

    (C) plays

    (D) drinks

8.

The birds _____ in the sky.

    (A) run

    (B) fly

    (C) walk

    (D) crawl

9.

The girl _____ a letter.

    (A) cleans

    (B) writes

    (C) sends

    (D) goes

10.

The boy buys the _____ shoes.

    (A) blue

    (B) green

    (C) black

    (D) yellow

Directions: Look at the pictures or read the paragraphs and choose the best answer.

11번부터 20번까지는 읽기자료에 관련된 문제입니다. 읽기자료에 대한 질문을 읽고 가장 알맞은 답을 고르세요.

For questions 11 – 12, refer to the following picture.

11. How many people are there in the picture?

(A) 4

(B) 5

(C) 6

(D) 7

12. What is the dog doing?

(A) playing with the girl

(B) drinking coffee

(C) playing with its brother

(D) playing with the cat

For questions 13 – 14, refer to the following information.

Steven's Vacation Plans

- write in my diary every day
- clean my room
- walk with my dog
- learn how to play badminton
- take French class

13. What does Steven plan to do every day?

    (A) to walk with his dog

    (B) to write in his diary

    (C) to clean his room

    (D) to take French class

14. What is NOT in his plans for the vacation?

    (A) learning French

    (B) taking class

    (C) walking with his animal

    (D) going on a trip

For questions 15 – 16, refer to the following graph.

15. How many pigs are there?

   (A) five

   (B) six

   (C) ten

   (D) fourteen

16. What group has only four animals?

   (A) cows

   (B) lions

   (C) birds

   (D) pigs

For questions 17 – 18, refer to the following passage.

Joe goes to the "Sunshine Summer Camp." The camp starts on August 27th and ends on August 30th. There are many activities for students. He can take swimming class, cooking class, and climbing class. Joe wants to make new friends there.

17. What is NOT in the camp program?

(A) swimming class

(B) climbing class

(C) cooking class

(D) dance class

18. When will the camp start?

(A) August 7th

(B) August 17th

(C) August 27th

(D) August 30th

For questions 19 – 20, refer to the following passage.

My friend Tom is eight years old. His mom is a nurse, and his dad is a teacher. He has a sister. Her name is Amily. She is ten years old. He likes to play basketball and sing with his sister.

19. How old is Tom?

(A) eight

(B) nine

(C) ten

(D) eleven

20. What does Tom like?

(A) singing and playing tennis

(B) playing soccer and badminton

(C) singing and playing basketball

(D) singing and dancing

Actual Test 5

Section I

Listening and Speaking

Part **A** *Listen and Recognize*
5 Questions

Part **B** *Listen and Respond*
5 Questions

Part **C** *Listen and Retell*
10 Questions

PART Ⓐ Listen and Recognize

Directions: Listen *TWICE* and choose the most suitable picture.

지시사항 1번에서 5번까지는 영어문장을 듣고, 들은 내용과 가장 관련 있는 그림을 고르는 문제입니다. 영어문장은 **두 번** 들려줍니다. 🎧

1.

(A)

(B)

(C)

2.

(A)

(B)

(C)

3.

(A)   (B)   (C)

4.

(A)   (B)   (C)

5.

(A)   (B)   (C)

Directions: Listen *TWICE* and choose the best response.

지시사항   6번부터 10번까지는 영어 문장을 듣고, 들은 말에 대한 가장 알맞은 대답을 고르는 문제입니다.
영어질문과 보기는 **두 번** 들려주며 (A), (B), (C) 중에서 하나를 고르세요.

6.   Mark your answer on your answer sheet.

7.   Mark your answer on your answer sheet.

8.   Mark your answer on your answer sheet.

9.   Mark your answer on your answer sheet.

10. Mark your answer on your answer sheet.

Directions: Listen *TWICE* and choose the best answer.

11. Where does the boy want to go?

(A)   (B)   (C)

12. What does the boy do during his summer vacation?

(A)   (B)   (C)

13. What is the girl's favorite food?

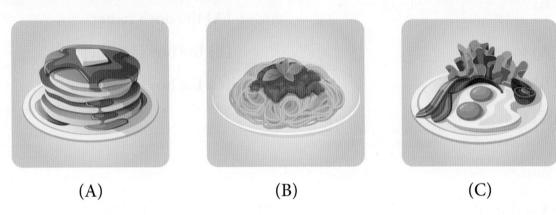

(A)　　　　　　　　　(B)　　　　　　　　　(C)

14. Where is the boy's jacket?

(A)　　　　　　　　　(B)　　　　　　　　　(C)

15. Where is the girl's brother?

(A)　　　　　　　　　(B)　　　　　　　　　(C)

16. When do the students have a math test?

(A) today

(B) yesterday

(C) tomorrow

17. What does the boy want to be?

(A) a teacher

(B) a baseball player

(C) a basketball player

18. How is the weather now in Seoul?

(A) rainy

(B) sunny

(C) cloudy

19. Who is looking out of the window?

(A) the boy's father

(B) the boy's brother

(C) the boy's mother

20. Where does Jimmy come from?

(A) Korea

(B) Canada

(C) America

Section II

Reading and Writing

Part Ⓐ *Sentence Completion*

5 Questions

Part Ⓑ *Situational Writing*

5 Questions

Part Ⓒ *Reading and Retelling*

10 Questions

Directions: Read the sentences and choose the best one for each blank.

지시사항 1번에서 5번까지는 빈칸을 알맞게 채워 대화를 완성하는 문제입니다. 가장 알맞은 답을 고르세요.

1. _____ is that tall man?

(A) Who

(B) Why

(C) When

(D) Which

4. I will visit _____ tomorrow.

(A) they

(B) their

(C) them

(D) they are

2. _____ you speak English well?

(A) Is

(B) Do

(C) Are

(D) Were

5. I always read books _____ night.

(A) at

(B) in

(C) of

(D) on

3. Many students _____ to school.

(A) walk

(B) walks

(C) are walk

(D) is walking

Directions: Look at the pictures and choose the best answer.

6.

A squirrel is _____ the tree.

(A) by

(B) under

(C) near

(D) on

7.

The girl _____ flowers.

(A) gives

(B) plants

(C) waters

(D) washes

8.

The girl is _____ in the water.

    (A) running

    (B) singing

    (C) crying

    (D) swimming

9.

The boy _____ a movie ticket.

    (A) likes

    (B) makes

    (C) buys

    (D) gives

10.

They _____ a piece of cake.

    (A) eat

    (B) smell

    (C) hear

    (D) see

Directions: Look at the pictures or read the paragraphs and choose the best answer.

지시사항 11번부터 20번까지는 읽기자료에 관련된 문제입니다. 읽기자료에 대한 질문을 읽고 가장 알맞은 답을 고르세요.

For questions 11 – 12, refer to the following picture.

11. What are they doing?

(A) doing dishes

(B) planting trees

(C) touching the ground

(D) watering the flowers

12. Where are they?

(A) in the office

(B) in the pond

(C) in the house

(D) in the garden

For questions 13 – 14, refer to the following picture.

13. What are the fish doing?

(A) singing

(B) running

(C) cooking

(D) swimming

14. How many crabs are there in the fishbowl?

(A) 1

(B) 2

(C) 3

(D) 4

For questions 15 – 16, refer to the following chart.

What fruit do children like?

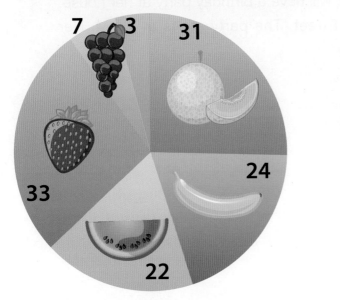

7 3 31

33

22

24

- ● Melons
- ● Bananas
- ● Watermelons
- ● Strawberries
- ● Grapes
- ● Others

15. What is the most popular fruit?

(A) grapes

(B) melons

(C) bananas

(D) strawberries

16. How many children like watermelons?

(A) 7

(B) 22

(C) 24

(D) 31

For questions 17 – 18, refer to the following passage.

Ann's birthday is on March 8th. She will have a birthday party at her house. Her address is 2341 West Main Street. The party starts at 1 PM. Her mother is making food for the party.

17. When is Ann's birthday?

(A) March 1st

(B) March 2nd

(C) March 7th

(D) March 8th

18. When does the party start?

(A) 1:00 PM

(B) 2:00 PM

(C) 5:00 PM

(D) 7:00 PM

For questions 19 – 20, refer to the following passage.

This is an animal. It is tall and big. It has a long nose. It is gray. It has big legs. It uses its nose like a hand. It is much bigger than a dog or a cat. It eats plants and grass.

19. What animal is this?

(A) a cat

(B) a dog

(C) a giraffe

(D) an elephant

20. What does it look?

(A) black

(B) very small

(C) tall and big

(D) thin and short

Appendix

A

after	~후에
again	또
always	항상
angry	화난
animal	동물
ant	개미
apple	사과
art	예술, 미술
at	~에
at first	처음에
autumn	가을

B

badminton	배드민턴
ball	공
baseball	야구, 야구공
basketball	농구
bathroom	욕실, 화장실
bean	콩
bear	곰
beautiful	아름다운
bed	침대
bee	벌
behind	~뒤에
between	~사이에
big	큰
bike	자전거
bird	새

birthday	생일
black	검정색
blouse	블라우스
blue	파란색
book	책
bookstore	서점
bored	지루해 하는
boring	지루한
borrow	빌리다
bread	빵
brother	남동생, 오빠/형
bubble	거품
bubble gum	풍선껌
busy	바쁜
butterfly	나비
buy	사다
by	~에 의해, ~옆에

C

cake	케이크
can	할 수 있다
Can I ~?	내가 ~를 할 수 있습니까?
Can I help you?	무엇을 도와드릴까요?
candy cane	지팡이 사탕
cannot	할 수 없다
cap	모자 (야구 모자)
cartoon	만화
cat	고양이
chess	체스

children	아이들	different	다른
Chinese	중국인	dinosaur	공룡
chocolate	초콜릿	do one's homework	~의 숙제를 하다
circle	원	do the dishes	설거지를 하다
class	수업	doctor	의사
classroom	교실	dog	개
clean	닦다, 청소하다	doll	인형
climb	오르다, 등반하다	dove	비둘기
climbing	등반, 등산	draw	그리다
cloudy	흐린	drink	마시다
coffee	커피	**E**	
cold	추운, 감기	Easter	부활절
colorful	화려한, 색깔이 다양한	eat	먹다
come from	~에서 오다	elephant	코끼리
computer game	컴퓨터 게임	eraser	지우개
cook	요리하다	everyday	매일
cow	소	everyone	여러분, 모두
crab	게	Excuse me	실례합니다
crawl	기다	**F**	
cry	울다	family	가족
cut	자르다	fall	빠지다, 가을
cute	귀여운	far	먼, 멀리 있는
D		fat	뚱뚱한
dance	춤 추다	favorite	가장 좋아하는
dark	어두운	fireman	(남자)소방관
day	날, 일	firewoman	(여자)소방관
desk	책상	first	첫째, 먼저
diary	일기	fish	물고기

fishbowl	어항
flute	플루트
fly	날다
fold	접다
French	프랑스어
friend	친구
from	~로부터
fruit	과일

G

garden	정원
generally	보통, 일반적으로
get	얻다, 가지다
get cold	감기에 걸리다
giraffe	기린
girl	소녀
give	주다
glue	풀, 붙이다
go camping	캠핑을 가다
go home	집에 가다
go skating	스케이트를 타러 가다
go shopping	쇼핑하다
good luck	행운을 빌어
grandmother	할머니
grandpa	할아버지
grape	포도
gray	회색
great	훌륭한
green	초록색

ground	땅
guitar	기타

H

hands	손
happy	행복한
happily	행복하게
hard	열심히
hat	모자
have	가지다
have a cold	감기에 걸리다
have a party	파티를 열다
have hamburger	햄버거를 먹다
hear	듣다
help	돕다
here you go	여기 있어
hold	쥐다, 들다, 잡다
hope	희망하다
hot	뜨거운, 더운
hour	시간
house	집
how	어떻게
How are you?	어떻게 지내십니까?
How can I get to ~?	~에 어떻게 갈 수 있습니까?
How is ~?	~는 어떻습니까?
how many	얼마나 많은
How old are you?	나이가 몇 살입니까?
hungry	배가 고픈

I

ice cream	아이스크림
in front of	~의 앞에
in the bed	침대에서
insect	곤충, 벌레
inside	안의

J

jacket	재킷
jar	단지, 항아리
jelly	젤리

K

kind	친절한
kitten	고양이
knife	칼

L

late	늦은
laugh	웃다
leave	떠나다
left	왼쪽
leg	다리
lesson	수업, 강의
Let's ~	~를 하자
letter	편지
library	도서관
like	~을 좋아하다
lion	사자
listen	듣다
live	살다

live in	~에 살다
living room	거실
look	보다, 바라보다
look at	~를 보아라
look like	~를 닮다
luck	행운
lucky	행운의

M

make	만들다
make friend	친구를 사귀다
March	3월
math	수학 (mathematics의 준말)
mean	의미하다
melon	멜론
milk	우유
month	달
more	더
mountain	산
movie	영화
much bigger than	~보다 훨씬 큰
music	음악

N

name	이름
near	~가까이에
newspaper	신문
next to	~옆에
nose	코
now	지금

nurse	간호사

O

office	사무실
old	늙은, 나이가 ~인
on	~ 위에
once	한 번
open the window	창문을 열다
orange juice	오렌지 주스
outside	겉의, 바깥쪽

P

pants	바지
parents	부모님
party	파티
pencil	연필
pencil case	필통
pet	애완동물
piano	피아노
pick	집다, 선택하다
picture	사진
pig	돼지
plan	계획
plant	심다, 식물
play	놀다, 연주하다, (스포츠를) 하다
play with friend	친구랑 놀다
player	선수
please	제발
pond	연못

poorly	형편없이
practice	연습
present	선물
pretty	예쁜
program	프로그램, 계획
puppy	강아지
put	놓다

R

rabbit	토끼
rain	비
rain boots	장화
raincoat	우비
rainy	비가 오는
read	읽다
rectangle	직사각형
ribbon	리본
ride	(자전거, 오토바이)를 타다
ride a bike	자전거를 타다
right	오른쪽
robot	로봇
room	방
round	동그란
ruler	자
run	뛰다

S

sad	슬픈
sand	모래
school	학교

science	과학	spring	봄
scientist	과학자	square	정사각형
scissors	가위	squirrel	다람쥐
season	계절	start	시작하다
see	보다	stop	멈추다
seed	씨, 씨앗	store	가게
sell	팔다	straight	똑바로, 일직선으로
send	보내다	strawberry	딸기
shape	모양	stripe	줄
shirt	셔츠	student	학생
shoes	신발	study	공부하다
shop	상점	subject	과목
short	키가 작은	summer	여름
sing	노래하다	summer vacation	여름 방학
sister	여동생, 언니/누나	sun	해
skirt	치마	sunglasses	선글라스
sleep	자다	sunny	화창한
sleepy	졸린	swim	수영하다
small	몸집이 작은	**T**	
smell	냄새를 맡다	table	탁자
snow	눈	take	수업을 듣다, ~를 찍다
snowy	눈 오는	tall	(키가) 큰
soap	비누	tape	테이프, 테이프를 붙이다
soccer	축구	teach	가르치다
socks	양말	teacher	선생님
sometimes	가끔	team	팀
soon	곧, 금방	tell sombody to V	~에게 V를 하라고 말하다
speak	말하다	test	시험

thank you	고마워	very	매우
that's okay	괜찮아	violin	바이올린
the best	최고	visit	방문하다
the biggest	가장 큰	**W**	
the most	가장 많이	walk	걷다, 산책시키다
thin	마른	want to	~를 하고 싶다
think	~라고 생각하다	want to be	~이 되고 싶다
tired	힘든, 피곤한	wash	닦다
toast	토스트	wash hands	손을 씻다
together	함께	watch	보다
tomorrow	내일	water	물, 물을 주다
too	너무, 역시	watermelon	수박
too bad	아주 안 좋은	wear	(옷을) 입다, (양말을) 신다
toothpaste	치약	weather	날씨
touch	만지다	Wednesday	수요일
train	기차	wet	젖은
triangle	삼각형	what	무엇
T-shirt	티셔츠	when	언제
turn	돌다	where	어디
turn on	켜다	which	어느
twice	두 번	white	하얀색
two	2	window	창문
U		winter	겨울
umbrella	우산	with	~와 함께
under	~ 아래에	would like	~하기를 원하다
usually	보통	Would you like ~?	~를 원하니?
V		write	쓰다
vacation	방학	wrong	잘못된

year 년, 해

yellow 노란색

국제영어능력인증시험 (TOSEL)

STARTER

한글이름　감독확인

SECTION I

문항	A	B	C	D		문항	A	B	C	D
1	A	B	C	D		11	A	B	C	D
2	A	B	C	D		12	A	B	C	D
3	A	B	C	D		13	A	B	C	D
4	A	B	C	D		14	A	B	C	D
5	A	B	C	D		15	A	B	C	D
6	A	B	C	D		16	A	B	C	D
7	A	B	C	D		17	A	B	C	D
8	A	B	C	D		18	A	B	C	D
9	A	B	C	D		19	A	B	C	D
10	A	B	C	D		20	A	B	C	D

SECTION II

문항	A	B	C	D		문항	A	B	C	D
1	A	B	C	D		11	A	B	C	D
2	A	B	C	D		12	A	B	C	D
3	A	B	C	D		13	A	B	C	D
4	A	B	C	D		14	A	B	C	D
5	A	B	C	D		15	A	B	C	D
6	A	B	C	D		16	A	B	C	D
7	A	B	C	D		17	A	B	C	D
8	A	B	C	D		18	A	B	C	D
9	A	B	C	D		19	A	B	C	D
10	A	B	C	D		20	A	B	C	D

수 험 번 호

(0) (1) (2) (3) (4) (5) (6) (7) (8) (9)

(1)　(2)

주의사항

1. 수험번호 및 답안은 검은색 사인펜을 사용해서 〈보기〉와 같이 표기합니다.
   〈보기〉 바른표기 : ● 틀린표기 : ⊗ ⊙ ◑ ◓
2. 수험번호 (1)에는 아라비아 숫자로 쓰고, (2)에는 해당란에 ● 표기합니다.
3. 답안 수정은 수정 테이프로 흔적을 깨끗이 지웁니다.
4. 수험번호 및 답안 작성란 이외의 여백에 낙서를 하지 마시기 바랍니다. 이로 인한 불이익은 수험자 본인 책임입니다.
5. 마킹오류로 채점 불가능한 답안은 0점 처리되오니, 이점 유의하시기 바랍니다.

국제영어능력인증시험 (TOSEL)

STARTER

한글이름

감독확인

수 험 번 호

(1)	(2)
0 1 2 3 4 5 6 7 8 9	

SECTION I

문항	A	B	C	D	문항	A	B	C	D
1	Ⓐ	Ⓑ	Ⓒ	Ⓓ	11	Ⓐ	Ⓑ	Ⓒ	Ⓓ
2	Ⓐ	Ⓑ	Ⓒ	Ⓓ	12	Ⓐ	Ⓑ	Ⓒ	Ⓓ
3	Ⓐ	Ⓑ	Ⓒ	Ⓓ	13	Ⓐ	Ⓑ	Ⓒ	Ⓓ
4	Ⓐ	Ⓑ	Ⓒ	Ⓓ	14	Ⓐ	Ⓑ	Ⓒ	Ⓓ
5	Ⓐ	Ⓑ	Ⓒ	Ⓓ	15	Ⓐ	Ⓑ	Ⓒ	Ⓓ
6	Ⓐ	Ⓑ	Ⓒ	Ⓓ	16	Ⓐ	Ⓑ	Ⓒ	Ⓓ
7	Ⓐ	Ⓑ	Ⓒ	Ⓓ	17	Ⓐ	Ⓑ	Ⓒ	Ⓓ
8	Ⓐ	Ⓑ	Ⓒ	Ⓓ	18	Ⓐ	Ⓑ	Ⓒ	Ⓓ
9	Ⓐ	Ⓑ	Ⓒ	Ⓓ	19	Ⓐ	Ⓑ	Ⓒ	Ⓓ
10	Ⓐ	Ⓑ	Ⓒ	Ⓓ	20	Ⓐ	Ⓑ	Ⓒ	Ⓓ

SECTION II

문항	A	B	C	D	문항	A	B	C	D
1	Ⓐ	Ⓑ	Ⓒ	Ⓓ	11	Ⓐ	Ⓑ	Ⓒ	Ⓓ
2	Ⓐ	Ⓑ	Ⓒ	Ⓓ	12	Ⓐ	Ⓑ	Ⓒ	Ⓓ
3	Ⓐ	Ⓑ	Ⓒ	Ⓓ	13	Ⓐ	Ⓑ	Ⓒ	Ⓓ
4	Ⓐ	Ⓑ	Ⓒ	Ⓓ	14	Ⓐ	Ⓑ	Ⓒ	Ⓓ
5	Ⓐ	Ⓑ	Ⓒ	Ⓓ	15	Ⓐ	Ⓑ	Ⓒ	Ⓓ
6	Ⓐ	Ⓑ	Ⓒ	Ⓓ	16	Ⓐ	Ⓑ	Ⓒ	Ⓓ
7	Ⓐ	Ⓑ	Ⓒ	Ⓓ	17	Ⓐ	Ⓑ	Ⓒ	Ⓓ
8	Ⓐ	Ⓑ	Ⓒ	Ⓓ	18	Ⓐ	Ⓑ	Ⓒ	Ⓓ
9	Ⓐ	Ⓑ	Ⓒ	Ⓓ	19	Ⓐ	Ⓑ	Ⓒ	Ⓓ
10	Ⓐ	Ⓑ	Ⓒ	Ⓓ	20	Ⓐ	Ⓑ	Ⓒ	Ⓓ

주의사항

1. 수험번호 및 답안은 검은색 사인펜을 사용해서 〈보기〉와 같이 표기합니다.
   〈보기〉 바른표기 : ● 틀린표기 : ⊙ ⊗ ◑ ◐
2. 수험번호(1)에는 아라비아 숫자로 쓰고, (2)에는 해당란에 ● 표기합니다.
3. 답안 수정은 수정 테이프로 흔적을 깨끗이 지웁니다.
4. 수험번호 및 답안 작성란 이외의 여백에 낙서를 하지 마시기 바랍니다. 이로 인한 불이익은 수험자 본인 책임입니다.
5. 마킹오류로 채점불가능한 답안은 0점 처리되오니, 이점 유의하시기 바랍니다.

국제영어능력인증시험 (TOSEL)

국제토셀위원회

STARTER

한글이름

감독확인

수 험 번 호

(1)

(2)

⓪	⓪	⓪	⓪	⓪	⓪		⓪	⓪	⓪
①	①	①	①	①	①	—	①	①	①
②	②	②	②	②	②		②	②	②
③	③	③	③	③	③		③	③	③
④	④	④	④	④	④		④	④	④
⑤	⑤	⑤	⑤	⑤	⑤		⑤	⑤	⑤
⑥	⑥	⑥	⑥	⑥	⑥		⑥	⑥	⑥
⑦	⑦	⑦	⑦	⑦	⑦		⑦	⑦	⑦
⑧	⑧	⑧	⑧	⑧	⑧		⑧	⑧	⑧
⑨	⑨	⑨	⑨	⑨	⑨		⑨	⑨	⑨

주 의 사 항

1. 수험번호 및 답안은 검은색 사인펜을 사용해서 <보기>와 같이 표기합니다.
   <보기> 바른표기 : ● 틀린표기 : ⊙ ⊗ ◐ ◑
2. 수험번호 (1)에는 아라비아 숫자로 쓰고, (2)에는 해당란에 ● 표기합니다.
3. 답안 수정은 수정테이프로 흔적을 깨끗이 지웁니다.
4. 수험번호 및 답안 작성란 이외의 여백에 낙서를 하지 마시기 바랍니다. 이로 인한 불이익은 수험자 본인 책임입니다.
5. 마킹오류로 채점 불가능한 답안은 0점 처리되오니, 이점 유의하시기 바랍니다.

SECTION I

문항	A	B	C	D
1	Ⓐ	Ⓑ	Ⓒ	Ⓓ
2	Ⓐ	Ⓑ	Ⓒ	Ⓓ
3	Ⓐ	Ⓑ	Ⓒ	Ⓓ
4	Ⓐ	Ⓑ	Ⓒ	Ⓓ
5	Ⓐ	Ⓑ	Ⓒ	Ⓓ
6	Ⓐ	Ⓑ	Ⓒ	Ⓓ
7	Ⓐ	Ⓑ	Ⓒ	Ⓓ
8	Ⓐ	Ⓑ	Ⓒ	Ⓓ
9	Ⓐ	Ⓑ	Ⓒ	Ⓓ
10	Ⓐ	Ⓑ	Ⓒ	Ⓓ

문항	A	B	C	D
11	Ⓐ	Ⓑ	Ⓒ	Ⓓ
12	Ⓐ	Ⓑ	Ⓒ	Ⓓ
13	Ⓐ	Ⓑ	Ⓒ	Ⓓ
14	Ⓐ	Ⓑ	Ⓒ	Ⓓ
15	Ⓐ	Ⓑ	Ⓒ	Ⓓ
16	Ⓐ	Ⓑ	Ⓒ	Ⓓ
17	Ⓐ	Ⓑ	Ⓒ	Ⓓ
18	Ⓐ	Ⓑ	Ⓒ	Ⓓ
19	Ⓐ	Ⓑ	Ⓒ	Ⓓ
20	Ⓐ	Ⓑ	Ⓒ	Ⓓ

SECTION II

문항	A	B	C	D
1	Ⓐ	Ⓑ	Ⓒ	Ⓓ
2	Ⓐ	Ⓑ	Ⓒ	Ⓓ
3	Ⓐ	Ⓑ	Ⓒ	Ⓓ
4	Ⓐ	Ⓑ	Ⓒ	Ⓓ
5	Ⓐ	Ⓑ	Ⓒ	Ⓓ
6	Ⓐ	Ⓑ	Ⓒ	Ⓓ
7	Ⓐ	Ⓑ	Ⓒ	Ⓓ
8	Ⓐ	Ⓑ	Ⓒ	Ⓓ
9	Ⓐ	Ⓑ	Ⓒ	Ⓓ
10	Ⓐ	Ⓑ	Ⓒ	Ⓓ

문항	A	B	C	D
11	Ⓐ	Ⓑ	Ⓒ	Ⓓ
12	Ⓐ	Ⓑ	Ⓒ	Ⓓ
13	Ⓐ	Ⓑ	Ⓒ	Ⓓ
14	Ⓐ	Ⓑ	Ⓒ	Ⓓ
15	Ⓐ	Ⓑ	Ⓒ	Ⓓ
16	Ⓐ	Ⓑ	Ⓒ	Ⓓ
17	Ⓐ	Ⓑ	Ⓒ	Ⓓ
18	Ⓐ	Ⓑ	Ⓒ	Ⓓ
19	Ⓐ	Ⓑ	Ⓒ	Ⓓ
20	Ⓐ	Ⓑ	Ⓒ	Ⓓ

국제영어능력인증시험 (TOSEL)

STARTER

국제토셀위원회

한글이름	감독확인

수 험 번 호

	(0) (0) (0) (0) (0) (0)		(0) (0) (0) (0)		(0) (0) (0) (0)

(숫자 칸: 0~9 마킹란)

(1)　　(2)

주의사항

1. 수험번호 및 답안은 검은색 사인펜을 사용해서 〈보기〉와 같이 표기합니다.
   〈보기〉 바른표기 : ● 틀린표기 : ⊗ ⊙ ◐ ◉
2. 수험번호(1)에는 아라비아 숫자로 쓰고, (2)에는 해당란에 표기합니다. 바른표기 ●
3. 답안 수정은 수정 테이프로 흔적을 깨끗이 지웁니다.
4. 수험번호 및 답안 작성란 이외의 여백에 낙서를 하지 마시기 바랍니다. 이로 인한 불이익은 수험자 본인 책임입니다.
5. 마킹오류로 채점 불가능한 답안은 0점 처리되오니, 이점 유의하시기 바랍니다.

SECTION I

문항	A	B	C	D	문항	A	B	C	D
1	Ⓐ	Ⓑ	Ⓒ	Ⓓ	11	Ⓐ	Ⓑ	Ⓒ	Ⓓ
2	Ⓐ	Ⓑ	Ⓒ	Ⓓ	12	Ⓐ	Ⓑ	Ⓒ	Ⓓ
3	Ⓐ	Ⓑ	Ⓒ	Ⓓ	13	Ⓐ	Ⓑ	Ⓒ	Ⓓ
4	Ⓐ	Ⓑ	Ⓒ	Ⓓ	14	Ⓐ	Ⓑ	Ⓒ	Ⓓ
5	Ⓐ	Ⓑ	Ⓒ	Ⓓ	15	Ⓐ	Ⓑ	Ⓒ	Ⓓ
6	Ⓐ	Ⓑ	Ⓒ	Ⓓ	16	Ⓐ	Ⓑ	Ⓒ	Ⓓ
7	Ⓐ	Ⓑ	Ⓒ	Ⓓ	17	Ⓐ	Ⓑ	Ⓒ	Ⓓ
8	Ⓐ	Ⓑ	Ⓒ	Ⓓ	18	Ⓐ	Ⓑ	Ⓒ	Ⓓ
9	Ⓐ	Ⓑ	Ⓒ	Ⓓ	19	Ⓐ	Ⓑ	Ⓒ	Ⓓ
10	Ⓐ	Ⓑ	Ⓒ	Ⓓ	20	Ⓐ	Ⓑ	Ⓒ	Ⓓ

SECTION II

문항	A	B	C	D	문항	A	B	C	D
1	Ⓐ	Ⓑ	Ⓒ	Ⓓ	11	Ⓐ	Ⓑ	Ⓒ	Ⓓ
2	Ⓐ	Ⓑ	Ⓒ	Ⓓ	12	Ⓐ	Ⓑ	Ⓒ	Ⓓ
3	Ⓐ	Ⓑ	Ⓒ	Ⓓ	13	Ⓐ	Ⓑ	Ⓒ	Ⓓ
4	Ⓐ	Ⓑ	Ⓒ	Ⓓ	14	Ⓐ	Ⓑ	Ⓒ	Ⓓ
5	Ⓐ	Ⓑ	Ⓒ	Ⓓ	15	Ⓐ	Ⓑ	Ⓒ	Ⓓ
6	Ⓐ	Ⓑ	Ⓒ	Ⓓ	16	Ⓐ	Ⓑ	Ⓒ	Ⓓ
7	Ⓐ	Ⓑ	Ⓒ	Ⓓ	17	Ⓐ	Ⓑ	Ⓒ	Ⓓ
8	Ⓐ	Ⓑ	Ⓒ	Ⓓ	18	Ⓐ	Ⓑ	Ⓒ	Ⓓ
9	Ⓐ	Ⓑ	Ⓒ	Ⓓ	19	Ⓐ	Ⓑ	Ⓒ	Ⓓ
10	Ⓐ	Ⓑ	Ⓒ	Ⓓ	20	Ⓐ	Ⓑ	Ⓒ	Ⓓ

국제영어능력인증시험 (TOSEL)

STARTER

한글이름

감독확인

SECTION I

문항	A	B	C	D
1	Ⓐ	Ⓑ	Ⓒ	Ⓓ
2	Ⓐ	Ⓑ	Ⓒ	Ⓓ
3	Ⓐ	Ⓑ	Ⓒ	Ⓓ
4	Ⓐ	Ⓑ	Ⓒ	Ⓓ
5	Ⓐ	Ⓑ	Ⓒ	Ⓓ
6	Ⓐ	Ⓑ	Ⓒ	Ⓓ
7	Ⓐ	Ⓑ	Ⓒ	Ⓓ
8	Ⓐ	Ⓑ	Ⓒ	Ⓓ
9	Ⓐ	Ⓑ	Ⓒ	Ⓓ
10	Ⓐ	Ⓑ	Ⓒ	Ⓓ
11	Ⓐ	Ⓑ	Ⓒ	Ⓓ
12	Ⓐ	Ⓑ	Ⓒ	Ⓓ
13	Ⓐ	Ⓑ	Ⓒ	Ⓓ
14	Ⓐ	Ⓑ	Ⓒ	Ⓓ
15	Ⓐ	Ⓑ	Ⓒ	Ⓓ
16	Ⓐ	Ⓑ	Ⓒ	Ⓓ
17	Ⓐ	Ⓑ	Ⓒ	Ⓓ
18	Ⓐ	Ⓑ	Ⓒ	Ⓓ
19	Ⓐ	Ⓑ	Ⓒ	Ⓓ
20	Ⓐ	Ⓑ	Ⓒ	Ⓓ

SECTION II

문항	A	B	C	D
1	Ⓐ	Ⓑ	Ⓒ	Ⓓ
2	Ⓐ	Ⓑ	Ⓒ	Ⓓ
3	Ⓐ	Ⓑ	Ⓒ	Ⓓ
4	Ⓐ	Ⓑ	Ⓒ	Ⓓ
5	Ⓐ	Ⓑ	Ⓒ	Ⓓ
6	Ⓐ	Ⓑ	Ⓒ	Ⓓ
7	Ⓐ	Ⓑ	Ⓒ	Ⓓ
8	Ⓐ	Ⓑ	Ⓒ	Ⓓ
9	Ⓐ	Ⓑ	Ⓒ	Ⓓ
10	Ⓐ	Ⓑ	Ⓒ	Ⓓ
11	Ⓐ	Ⓑ	Ⓒ	Ⓓ
12	Ⓐ	Ⓑ	Ⓒ	Ⓓ
13	Ⓐ	Ⓑ	Ⓒ	Ⓓ
14	Ⓐ	Ⓑ	Ⓒ	Ⓓ
15	Ⓐ	Ⓑ	Ⓒ	Ⓓ
16	Ⓐ	Ⓑ	Ⓒ	Ⓓ
17	Ⓐ	Ⓑ	Ⓒ	Ⓓ
18	Ⓐ	Ⓑ	Ⓒ	Ⓓ
19	Ⓐ	Ⓑ	Ⓒ	Ⓓ
20	Ⓐ	Ⓑ	Ⓒ	Ⓓ

수 험 번 호

(1) ⓪①②③④⑤⑥⑦⑧⑨

(2) ⓪①②③④⑤⑥⑦⑧⑨

주 의 사 항

1. 수험번호 및 답안은 검은색 사인펜을 사용해서 〈보기〉와 같이 표기합니다.
   〈보기〉 바른표기 : ● 틀린표기 : ⊙ ⊗ ◉
2. 수험번호 (1)에는 아라비아 숫자로 쓰고, (2)에는 해당란에 ● 표기합니다.
3. 답안 수정은 수정테이프로 흔적을 깨끗이 지웁니다.
4. 수험번호 및 답안 작성란 이외의 여백에 낙서를 하지 마시기 바랍니다. 이로 인한 불이익은 수험자 본인 책임입니다.
5. 마킹오류로 채점 불가능한 답안은 0점 처리되므로, 이점 유의하시기 바랍니다.

엄선된 **100만 명**의 응시자 성적 데이터를 활용한 **AI기반** 데이터 공유 및 가치 고도화 **플랫폼**

TOSEL® Lab

공동기획
- 고려대학교 문과대학 언어정보연구소
- 국제토셀위원회

TOSEL Lab 이란?

국내외 15,000여 개 학교·학원 단체응시인원 중 엄선한 100만 명 이상의 실제 TOSEL 성적 데이터와, 정부(과학기술정보통신부)의 AI 바우처 지원 사업 수행기관 선정으로 개발된 맞춤식 AI 빅데이터 기반 영어성장 플랫폼입니다.

TOSEL Lab

지정교육기관 혜택

혜택 1
지역독점권

혜택 2
시험 고사장 자격 부여

혜택 3
고려대학교 field trip

혜택 4
토셀 영어학습 패키지

혜택 5
단체 성적분석자료

특강반, 신설반 교재추천

혜택 6
진단평가 기반

무료 영어학습 컨텐츠

Placement Test / Self Study / Monthly Test

학원장의 실질적인 비용부담 없이

TOSEL® Lab

브랜드를 사용할 수 있는 기회

TOSEL Lab 에는 어떤 콘텐츠가 있나요?

진단
맞춤형 레벨테스트로
정확한 평가 제공

응시자 빅데이터 분석에 기반한
테스트로 신규 상담 학생의
영어능력을 정확하게 진단하고
효과적인 영어 교육을 실시하기
위한 객관적인 가이드라인을
제공합니다.

교재
세분화된 레벨로
실력에 맞는 학습 제공

TOSEL의 세분화된 교재 레벨은
각 연령에 맞는 어휘와 읽기
지능 및 교과 과정과의 연계가
가능하도록 설계된 교재들로
효과적인 학습 커리큘럼을
제공합니다.

학습
다양한 교재연계 콘텐츠로
효과적인 자기주도학습

TOSEL 시험을 대비한 다양한
콘텐츠를 제공해 영어 학습에
시너지 효과를 기대할 수
있으며, 학생들의 자기주도
학습 습관을 더 탄탄하게
키울 수 있습니다.

Reading Series
내신과 **토셀 고득점**을 한꺼번에

Pre-Starter | Starter | Basic | Junior | High-Junior

- 각 단원 학습 도입부에 주제와 관련된 이미지를 통한 말하기 연습
- 각 Unit 별 4-6개의 목표 단어 제시, 그림 또는 영문으로 단어 뜻을 제공하여 독해 학습 전 단어 숙지
- 독해&실용문 연습을 위한 지문과 Comprehension 문항을 10개씩 수록하여 이해도 확인 및 진단
- 숙지한 독해 지문을 원어민 음성으로 들으며 듣기 학습 , 듣기 전, 듣기 중, 듣기 후 학습 커리큘럼 마련

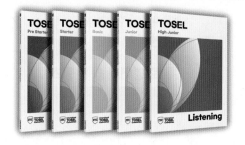

Listening Series
한국 학생들에게 최적화된 듣기 실력 완성!

Pre-Starter | Starter | Basic | Junior | High-Junior

- 초등 / 중등 교과과정 연계 말하기&듣기 학습과 세분화된 레벨
- TOSEL 기출 문장과 실생활에 자주 활용되는 문장 패턴을 통해 듣기 및 말하기 학습
- 실제 TOSEL 지문의 예문을 활용한 실용적 학습 제공
- 실전 감각 향상과 점검을 위한 기출 문제 수록

Speaking Series
출간예정

Grammar Series

체계적인 단계별 **문법 지침서**

Pre-Starter | Starter | Basic | Junior | High-Junior

- 초등 / 중등 교과과정 연계 문법 학습과 세분화된 레벨
- TOSEL 기출 문제 연습과 최신 수능 출제 문법을 포함하여 수능 / 내신 대비 가능
- 이해하기 쉬운 그림, 깔끔하게 정리된 표와 설명, 다양한 문제를 통해 문법 학습
- 실전 감각 향상과 점검을 위한 기출 문제 수록

Voca Series

학년별 꼭 알아야하는 **단어 수록!**

Pre-Starter | Starter | Basic | Junior | High-Junior

- 각 단어 학습 도입부에 주제와 관련된 이미지를 통한 말하기 연습
- TOSEL 시험을 기준으로 빈출 지표를 활용한 예문과 문제 구성
- 실제 TOSEL 지문의 예문을 활용한 실용적 학습 제공
- 실전 감각 향상과 점검을 위한 실전 문제 수록

Story Series

읽는 재미에 실력까지 **동시에!**

Pre-Starter | Starter | Basic | Junior

- 초등 / 중등 교과과정 연계 영어 학습과 세분화된 레벨
- 이야기 지문과 단어를 함께 연결지어 학생들의 독해 능력을 평가
- 이해하기 쉬운 그림, 깔끔하게 정리된 표와 설명, 다양한 문제, 재미있는 스토리를 통한 독해 학습
- 다양한 단계의 문항을 풀어보고 학생들의 읽기, 듣기, 쓰기, 말하기 실력을 집중적으로 향상

교재를 100% 활용하는 TOSEL Lab 지정교육기관의 노하우!

Teaching Materials

TOSEL에서 제공하는 수업 자료로
교재 학습을 더욱 효과적으로 진행!

Study Content

철저한 자기주도학습 콘텐츠로
교재 수업 후 효과적인 복습!

Test Content

교재 학습과 더불어 학생 맞춤형
시험으로 실력 점검 및 향상

100만 명으로 엄선된 **TOSEL**
성적 데이터로 탄생!

TOSEL Lab 지정교육기관을 위한 콘텐츠로 더욱 효과적인 수업을 경험하세요.

국제토셀위원회는 TOSEL Lab 지정교육기관에서 교재로
수업하는 학원을 위해 교재를 잘 활용할 수 있는 다양한
콘텐츠를 제공 및 지원합니다.

TOSEL Lab 지정교육기관은

국제토셀위원회 직속 TOSEL연구소에서 20년 동안 보유해온
전국 15,000여 개 교육기관 토셀 응시자들의 영어성적 분석데이터를
공유받아, 통계를 기반으로 한 전문적이고 과학적인 커리큘럼을 설계하고,
영어학습 방향을 제시하여,경쟁력있는 기관, 잘 가르치는 기관으로
해당 지역에서 입지를 다지게 됩니다.

TOSEL Lab 지정교육기관으로 선정되기 위해서는
소정의 **심사 절차**가 수반됩니다.

TOSEL Lab
심사신청

TOSEL Lab
더 알아보기

TOSEL® Lab

 국제토셀위원회

TOSEL
예상문제집 개정판

STARTER
정답 및 해설

TOSEL
예상문제집

STARTER
정답 및 해설

TOSEL STARTER

실전 1회

Section I Listening and Speaking

1 **(A)**	2 **(C)**	3 **(C)**	4 **(B)**	5 **(C)**
6 **(A)**	7 **(A)**	8 **(B)**	9 **(A)**	10 **(C)**
11 **(B)**	12 **(C)**	13 **(A)**	14 **(B)**	15 **(C)**
16 **(B)**	17 **(C)**	18 **(A)**	19 **(B)**	20 **(B)**

Section II Reading and Writing

1 **(C)**	2 **(D)**	3 **(B)**	4 **(C)**	5 **(D)**
6 **(A)**	7 **(B)**	8 **(B)**	9 **(C)**	10 **(D)**
11 **(D)**	12 **(A)**	13 **(C)**	14 **(B)**	15 **(A)**
16 **(C)**	17 **(D)**	18 **(A)**	19 **(B)**	20 **(B)**

SECTION I LISTENING AND SPEAKING

Part A. Listen and Recognize (p.11)

1. Boy: An apple is on the table.
     (A)
해석 소년: 탁자 위에 사과가 하나 있어.
풀이 탁자 위에 사과가 있는 그림인 (A)가 정답이다.
Words and Phrases apple 사과 table 탁자

2. Girl: These are my parents.
     (C)
해석 소녀: 이 분들은 나의 부모님이야.
풀이 부모님 사진을 나타낸 (C)가 정답이다.
Words and Phrases parents 부모님

3. Boy: Mr. Brown is a scientist.
     (C)
해석 소년: Brown 씨는 과학자야.
풀이 과학자를 나타내는 (C)가 정답이다.
Words and Phrases scientist 과학자

4. Girl: The girl is drawing a circle.
     (B)
해석 소녀: 여자 아이가 원을 그리고 있어.
풀이 원을 그리고 있는 (B)가 정답이다.
Words and Phrases draw 그리다 circle 원

5. Boy: It is winter.
     (C)
해석 소년: 지금은 겨울이야.

풀이 겨울 풍경을 나타낸 (C)가 정답이다.
Words and Phrases winter 겨울

Part B. Listen and Respond (p.13)

6. Girl: Where is Sarah?
     Boy: _____
     (A) She is at home.
     (B) She is seven.
     (C) She is my cousin.
해석 소녀: Sarah는 어디에 있니?
     소년: _____
     (A) 그녀는 집에 있어.
     (B) 그녀는 7살이야.
     (C) 그녀는 내 사촌이야.
풀이 Sarah의 위치를 묻는 대답에 현재 Sarah가 집에 있다는 내용의 (A)가
     가장 적절하다.

7. Boy: What's wrong with you?
     Girl: _____
     (A) I feel sick.
     (B) He is very strong.
     (C) That's all right.
해석 소년: 무슨 일 있니?
     소녀: _____
     (A) 나 좀 아픈 것 같아.
     (B) 그는 매우 강해.
     (C) 그게 맞아.
풀이 상대방의 상태에 관해 묻는 대답에 자신의 상태를 말하고 있는 (A)가
     정답이다.
Words and Phrases wrong 잘못된

8. Girl: Do you have an umbrella?
     Boy: _____
     (A) Yes, I am.
     (B) No, I don't.
     (C) No, you don't.
해석 소녀: 우산 가지고 있니?
     소년: _____
     (A) 응, 나는 그래.
     (B) 아니, 난 없어.
     (C) 아니, 너는 없어.
풀이 Do로 시작하는 의문문에는 do 혹은 don't를 이용하여 대답해야 적절하
     다. (A)는 be동사로 대답했으므로 옳지 않다. 내가 우산을 가지고 있는
     지 물었으므로, 주어가 I 가 되는 (B)가 답이다.
Words and Phrases umbrella 우산

9. Boy: What color is your cap?
     Girl: _____
     (A) It's red.

(B) It's my cap.

(C) It's five dollars.

해석 소년: 네 모자는 무슨 색이니?

소녀: _____

(A) 이것은 빨간 색이야.

(B) 이것은 내 모자야.

(C) 이것은 5달러야.

풀이 모자의 색깔을 묻는 질문에 빨간색이라고 답한 (A)가 정답이다.

Words and Phrases cap 모자(야구모자)

10. Girl: Do you want some more cake?

Boy: _____

(A) Sure. What is it?

(B) Yes, let's do that.

(C) No, thanks. I'm full.

해석 소녀: 케이크 좀 더 먹을래?

소년: _____

(A) 물론이지. 이건 뭐야?

(B) 그래, 그걸 하자.

(C) 아니, 괜찮아. 배가 불러.

풀이 케이크를 더 권하고 있다. 배가 불러 정중히 사양하는 (C)가 정답이다. 만약 더 먹고 싶다면 Yes, thanks. 혹은 Yes, please. 정도가 적절한 대답이다.

Words and Phrases more 더

Part C. Listen and Retell (p.14)

11. Boy: What time do you go to your piano lesson?

Girl: At four-thirty.

Question: When does the girl go to her piano lesson?

(B)

해석 소년: 몇 시에 피아노 수업을 들으러 가니?

소녀: 4시 30분에 가.

질문: 소녀가 피아노 수업을 들으러 가는 시각은 언제입니까?

풀이 피아노 수업 시간을 묻는 소년의 질문에 소녀가 4시 30분이라고 답했으므로 정답은 (B)이다.

Words and Phrases lesson 수업, 강의

12. Girl: What do you want to do?

Boy: I want to play basketball.

Question: What does the boy want to do?

(C)

해석 소녀: 넌 뭘 하고 싶니?

소년: 난 농구를 하고 싶어.

질문: 소년이 하고 싶어하는 것은 무엇입니까?

풀이 무엇을 하고 싶은지 묻는 소녀의 질문에 소년이 농구를 하고 싶다고 답했으므로 정답은 (C)이다.

Words and Phrases basketball 농구

13. Boy: Do you have a guitar?

Girl: No, but my dad does.

Question: What does the girl's father have?

(A)

해석 소년: 너는 기타를 가지고 있니?

소녀: 아니, 하지만 우리 아버지가 갖고 계셔.

질문: 소녀의 아버지가 갖고 있는 것은 무엇입니까?

풀이 기타를 가지고 있는지 묻는 소년의 질문에 자신이 아버지가 갖고 있다는 소녀의 답에서 질문의 답은 (A)이다.

Words and Phrases guitar 기타

14. Girl: What is that on the flower?

Boy: It is a bee.

Question: What are they looking at?

(B)

해석 소녀: 저 꽃 위에 있는 것은 무엇이니?

소년: 그건 벌이야.

질문: 소년과 소녀가 보고 있는 것은 무엇입니까?

풀이 꽃 위에 있는 것에 대한 소녀의 질문에 소년이 벌이라고 대답했으므로 정답은 (B)이다.

Words and Phrases bee 벌

15. Boy: Where are all the cookies?

Girl: I put them in the jar.

Question: Where are the cookies?

(C)

해석 소년: 쿠키들이 다 어디 있니?

소녀: 내가 그것들을 단지 안에 넣었어.

질문: 쿠키들이 있는 곳은 어디입니까?

풀이 쿠키가 어디 있는지 묻는 소년의 질문에 소녀가 그것들을 단지 안에 넣었다고 답하고 있다. 따라서 정답은 (C)이다. 접시는 plate, 바구니는 basket이라고 해야 한다.

Words and Phrases jar 단지, 항아리

16. Girl: Today is my brother's birthday. He is now six years old. We have a party in the evening. We eat pizza, cake and ice cream.

Question: How old is the girl's brother?

(A) five

(B) six

(C) seven

해석 소녀: 오늘은 내 남동생의 생일이다. 남동생은 이제 6살이다. 우리는 저녁에 파티를 한다. 우리는 피자, 케이크, 그리고 아이스크림을 먹을 것이다.

질문: 소녀의 남동생은 몇 살입니까?

(A) 5살

(B) 6살

(C) 7살

풀이 본문 중 "He is now six years old" 문장에서 남동생이 여섯 살임을 알 수 있으므로 정답은 (B)이다.

Words and Phrases birthday 생일 party 파티

17. Boy: Alex likes baseball a lot. Every Sunday, he plays

baseball with his friends. It starts at nine in the morning. So he gets up at seven and leaves home at eight o'clock.

Question: What time does the game start?

(A) at 7:00

(B) at 8:00

(C) at 9:00

해석 소년: Alex는 야구를 무척 좋아한다. 매주 일요일마다 그는 그의 친구들과 야구를 한다. 야구는 오전 9시에 시작한다. 그래서 그는 7시에 일어나 8시에 집을 나선다.

질문: 야구 경기는 언제 시작합니까?

(A) 7시

(B) 8시

(C) 9시

풀이 "It starts at nine in the morning"에서 야구 경기가 오전 9시에 시작함을 알 수 있다.

Words and Phrases leave 떠나다

18. Girl: My mom works at a pet store. There are lots of pets: puppies, kittens, rabbits, fish, and even snakes! I like rabbits. I want to have one in my house.

Question: Where does the girl's mother work?

(A) at a pet store

(B) at a zoo

(C) at a farm

해석 소녀: 우리 어머니는 애완동물 가게에서 일하신다. 그곳에는 많은 애완동물들이 있다: 강아지, 고양이, 토끼, 물고기, 심지어 뱀도 있다! 나는 토끼를 좋아한다. 나는 집에 토끼 한 마리를 기르고 싶다.

질문: 소녀의 어머니는 어디에서 일하십니까?

(A) 애완동물 가게

(B) 동물원

(C) 농장

풀이 "My mom works at a pet store"에서 소녀의 어머니가 애완동물 가게에서 일한다는 사실을 알 수 있으므로 정답은 (A)이다.

Words and Phrases pet 애완동물 puppy 강아지 kitten 고양이 rabbit 토끼

19. Boy: Sam and Tommy are in the garden. They are helping their father. They plant some trees and flowers. Sam is happy to see the beautiful garden.

Question: Where are they?

(A) in the park

(B) in the garden

(C) in the playground

해석 소년: Sam과 Tommy는 정원에 있다. 그들은 그들의 아버지를 돕는 중이다. 그들은 나무와 꽃들을 심는다. Sam은 아름다운 정원을 보며 행복을 느낀다.

질문: 그들은 어디에 있습니까?

(A) 공원

(B) 정원

(C) 운동장

풀이 첫 문장 "Sam and Tommy are in the garden"에서 그들이 정원에 있

음을 알 수 있으므로 정답은 (B)이다.

Words and Phrases garden 정원

20. Girl: I have a twin sister. Her name is Jenny. We look alike, but we are very different. I like math, but she likes English. I like dogs, but she likes cats.

Question: What is Jenny's favorite school subject?

(A) math

(B) English

(C) science

해석 소녀: 나는 쌍둥이 여동생이 있다. 그녀의 이름은 Jenny이다. 우리는 닮았지만 많이 다르다. 나는 수학을 좋아하지만 그녀는 영어를 좋아한다. 나는 강아지를 좋아하지만 그녀는 고양이를 좋아한다.

질문: Jenny가 가장 좋아하는 학교 과목은 무엇입니까?

(A) 수학

(B) 영어

(C) 과학

풀이 "I like math but she likes English"에서 she가 가리키는 사람이 Jenny이므로 정답이 (B)임을 알 수 있다.

Words and Phrases different 다른 favorite 가장 좋아하는

SECTION II READING AND WRITING

Part A. Sentence Completion (p.18)

1. _____ is hungry.

(A) I

(B) You

(C) She

(D) They

해석 그녀는 배가 고프다.

(A) 나

(B) 너

(C) 그녀

(D) 그들

풀이 be동사로 is가 쓰였기 때문에 주어는 3인칭 단수만 가능하므로 정답은 (C)이다.

Words and Phrases hungry 배가 고픈

2. Amy has _____ friends.

(A) a

(B) an

(C) much

(D) many

해석 Amy는 많은 친구들이 있다.

(A) 하나의

(B) 하나의(모음으로 시작하는 명사 앞)

(C) 많은(셀 수 없는 명사 앞)

(D) 많은(셀 수 있는 명사 앞)

풀이 친구들이라고 하였으므로 복수 명사를 받을 수 있는 수식어가 와야 한다. (A)와 (B)는 모두 단수 명사를 받지만 (B)의 an은 모음으로 시작하는 단어 앞에 쓰인다. (C)와 (D)는 둘 다 '많은'이라는 뜻을 가지고 있지만 (C)는 셀 수 없는 명사 앞에, (D)는 셀 수 있는 명사 앞에 쓰인다는 차이점이 있으므로 정답은 (D)이다.

Words and Phrases friend 친구

3. Mom _____ the cake with a knife.
    (A) cut
    (B) cuts
    (C) cutter
    (D) cutting

해석 엄마는 칼로 케이크를 **자른다.**
    (A) 자르다
    (B) 자르다(3인칭 단수)
    (C) 자르는 사람
    (D) 자르는

풀이 'Mom'은 3인칭 단수이고, 그에 따라 동사에 -s가 붙어야 하므로 정답은 (B)이다.

Words and Phrases cut 자르다 knife 칼

4. I go to my English class _____ Wednesday.
    (A) at
    (B) in
    (C) on
    (D) between

해석 나는 수요일에 영어 수업에 간다.
    (A) ~에
    (B) ~(안)에
    (C) ~에
    (D) ~사이에

풀이 in, on, at은 모두 시간과 장소를 나타내는 전치사로 '~에, ~때에'라는 뜻을 가진다. 요일을 나타내는 전치사로는 on을 사용하므로 정답은 (C)이다.

Words and Phrases class 수업 Wednesday 수요일 between ~사이에

5. Jack is _____ his homework.
    (A) do
    (B) doer
    (C) does
    (D) doing

해석 Jack은 그의 숙제를 하고 있다.
    (A) 1인칭 단수/복수 현재형, 2인칭 단수/복수 현재형 또는 3인칭 복수 현재형
    (B) 행동가, 실천가
    (C) 3인칭 단수 현재형
    (D) 현재진행형

풀이 3인칭 단수 주어의 진행시제는 'is + ~ing' 형태이므로 정답은 (D)이다.

Words and Phrases do one's homework ~의 숙제를 하다

Part B. Situational Writing (p.19)

6. The girl is _____.
    (A) singing
    (B) sleeping
    (C) studying
    (D) dancing

해석 소녀는 노래하는 중이다.
    (A) 노래하는
    (B) 자는
    (C) 공부하는
    (D) 춤 추는

풀이 그림에서 소녀가 노래를 부르고 있으므로 (A)를 선택하는 것이 알맞다.

Words and Phrases sing 노래하다 dance 춤 추다

7. This sign means "_____".
    (A) stop
    (B) turn left
    (C) turn right
    (D) go straight

해석 이 표시는 "**왼쪽으로 회전하시오**"를 의미한다.
    (A) 멈추시오
    (B) 왼쪽으로 회전하시오
    (C) 오른쪽으로 회전하시오
    (D) 직진하시오

풀이 왼쪽으로 가라는 교통 표지판이므로 정답은 (B)이다.

Words and Phrases stop 멈추다 left 왼쪽 right 오른쪽 straight 똑바로, 일직선으로

8. Mom _____ a present.
    (A) is
    (B) gives
    (C) throws
    (D) makes

해석 엄마가 선물을 준다.
    (A) ~이다
    (B) 준다
    (C) 던지다
    (D) 만든다

풀이 그림에서 엄마가 소년에게 선물을 주고 있으므로 정답은 (B)다.

Words and Phrases present 선물 give 주다

9. The baby _____ in the bed.
    (A) drinks
    (B) eats
    (C) sleeps
    (D) plays

해석 그 아기는 침대에서 **잔다.**
    (A) 마신다
    (B) 먹는다

(C) 잔다

(D) 논다

풀이 그림에서 아기가 침대에서 자고 있으므로 (C)를 선택하는 것이 알맞다.

Words and Phrases in the bed 침대에서

10. My grandmother _____.

(A) goes to the shop

(B) drinks water

(C) plays a guitar

(D) reads a book

해석 나의 할머니는 책을 읽는다.

(A) 상점에 간다

(B) 물을 마신다

(C) 기타를 연주한다

(D) 책을 읽는다

풀이 그림에서 할머니가 책을 읽고 있으므로 (D)를 선택하는 것이 알맞다.

Words and Phrases grandmother 할머니 shop 상점 water 물

Part C. Reading and Retelling (p.21)

[11–12]

11. How much is a candy cane?

(A) $ 1

(B) $ 2

(C) $ 3

(D) $ 5

12. What shape is the chocolate?

(A) a bear

(B) a bean

(C) a bubble

(D) a cane

해석 곰 초콜릿 ($ 5)

젤리빈 ($ 1)

풍선껌 ($ 2)

지팡이 사탕 ($ 5)

11. 지팡이 사탕은 얼마입니까?

(A) $ 1

(B) $ 2

(C) $ 3

(D) $ 5

12. 초콜릿의 모양은 무엇입니까?

(A) 곰

(B) 콩

(C) 풍선

(D) 지팡이

풀이 그림을 보면 지팡이 사탕은 $ 5이므로 11번의 정답은 (D)이다.

초콜릿은 곰 모양이므로 12번의 정답은 (A)이다.

Words and Phrases chocolate 초콜릿 jelly 젤리 bean 콩
bubble gum 풍선껌 candy cane 지팡이 사탕
shape 모양

[13–14]

13. What does '--------' mean?

(A) cut

(B) glue

(C) fold

(D) tape

14. What shape is the paper at first?

(A) square

(B) rectangle

(C) circle

(D) triangle

해석 13. '--------'이 의미하는 것은 무엇입니까?

(A) 자르기

(B) 풀칠하기

(C) 접기

(D) 테이프 붙이기

14. 처음에 종이는 무슨 모양입니까?

(A) 정사각형

(B) 직사각형

(C) 원

(D) 삼각형

풀이 그림에서 '--------' 표시는 접으라는 것을 의미하므로 13번의 정답은 (C)이다.

그림에서 맨 처음 종이의 모양은 직사각형이므로 14번의 정답은 (B)이다.

Words and Phrases mean 의미하다 cut 자르다 glue 풀, 붙이다 fold 접다
tape 테이프, 테이프를 붙이다
at first 처음에 square 정사각형 rectangle 직사각형
circle 원 triangle 삼각형

[15–16]

15. What toy do children like the most?

(A) blocks

(B) dinosaurs

(C) trucks

(D) dolls

16. How many children like dinosaurs?

(A) 7

(B) 8

(C) 14

(D) 21

해석

아이들이 좋아하는 장난감은 무엇입니까?
블록 21 / 공룡 14 / 트럭 8 / 인형 7

15. 아이들이 가장 좋아하는 것은 무엇입니까?

(A) 블록

(B) 공룡

(C) 트럭

(D) 인형

16. 얼마나 많은 아이들이 공룡을 좋아합니까?

(A) 7

(B) 8

(C) 14

(D) 21

풀이 그림을 보면 블록을 좋아하는 아이들의 수가 21명으로 가장 많으므로 15번의 정답은 (A)이다.

공룡을 좋아하는 아이들의 수는 14명이므로 16번의 정답은 (C)이다.

Words and Phrases children 아이들 the most 가장 dinosaur 공룡 doll 인형 how many 얼마나 많은

[17–18]

My name is Luke. Today, I make soap bubbles with my friends, Judy and Robert. My bubble is the biggest. It is very fun. I want to play with bubbles again.

17. What does Luke make?

(A) lotion bubbles

(B) shampoo bubbles

(C) toothpaste bubbles

(D) soap bubbles

18. Whose bubble is the biggest?

(A) Luke's bubble

(B) Judy's bubble

(C) Robert's bubble

(D) all were the same

해석 내 이름은 Luke이다. 오늘 나는 비누 거품을 내 친구들인 Judy와 Robert와 만든다. 나의 거품이 가장 크다. 이것은 매우 재미있다. 나는 또 거품을 가지고 놀고 싶다.

17. Luke는 무엇을 만듭니까?

(A) 로션 거품

(B) 샴푸 거품

(C) 치약 거품

(D) 비누 거품

18. 누구의 거품이 가장 큽니까?

(A) Luke의 거품

(B) Judy의 거품

(C) Robert의 거품

(D) 모두 같음

풀이 Luke는 비누 거품을 만들었다고 했으므로 17번의 정답은 (D)이다.

Luke가 자신의 거품이 함께 기품을 만든 Judy와 Robert의 거품 중에서 가장 크다고 했으므로 18번의 정답은 (A)이다.

Words and Phrases bubble 거품 toothpaste 치약 soap 비누 the biggest 가장 큰

[19–20]

This fruit is very big. It is round and has black stripes. It has a green outside and red inside. It also has black seeds. We can make juice or slush with it. We usually eat it in summer.

19. What fruit is it?

(A) banana

(B) watermelon

(C) apple

(D) grape

20. When do we usually eat this fruit?

(A) spring

(B) summer

(C) autumn

(D) winter

해석 이 과일은 매우 큽니다. 이것은 동그랗고 검은 줄들을 가지고 있습니다. 이것은 겉은 초록색이고 안은 빨간색입니다. 이것은 또한 검은 씨들을 가지고 있습니다. 우리는 이것으로 쥬스나 슬러시를 만들 수 있습니다. 우리는 보통 여름에 이것을 먹습니다.

19. 이 과일은 무엇입니까?

(A) 바나나

(B) 수박

(C) 사과

(D) 포도

20. 우리는 이 과일을 보통 언제 먹습니까?

(A) 봄

(B) 여름

(C) 가을

(D) 겨울

풀이 내용 설명에 가장 잘 맞는 것은 수박이므로 19번의 정답은 (B)이다.

우리는 이 과일을 보통 여름에 먹는다고 했으므로 20번의 정답은 (B)이다.

Words and Phrases round 동그란 stripe 줄 green 초록색 outside 겉의 inside 안의 seed 씨, 씨앗 usually 보통 autumn 가을

TOSEL STARTER

실전 2회

Section I Listening and Speaking

1 **(A)**	2 **(B)**	3 **(B)**	4 **(C)**	5 **(C)**
6 **(A)**	7 **(B)**	8 **(C)**	9 **(A)**	10 **(B)**
11 **(A)**	12 **(C)**	13 **(B)**	14 **(C)**	15 **(C)**
16 **(A)**	17 **(C)**	18 **(B)**	19 **(A)**	20 **(B)**

Section II Reading and Writing

1 **(C)**	2 **(A)**	3 **(A)**	4 **(A)**	5 **(B)**
6 **(B)**	7 **(C)**	8 **(D)**	9 **(B)**	10 **(B)**
11 **(D)**	12 **(C)**	13 **(A)**	14 **(C)**	15 **(C)**
16 **(C)**	17 **(C)**	18 **(A)**	19 **(A)**	20 **(D)**

SECTION I LISTENING AND SPEAKING

Part A. Listen and Recognize (p.28)

1. Boy: The ball is blue.
   (A)
해석 소년: 공은 파란색이야.
풀이 공이 파랗다고 했으므로 정답은 (A)이다.
Words and Phrases blue 파란색

2. Girl: The banana is yellow.
   (B)
해석 소녀: 바나나는 노란색이야.
풀이 바나나가 노란색이라고 했으므로 정답은 노란 바나나인 (B)이다.

3. Boy: There are two cats.
   (B)
해석 소년: 고양이 두 마리가 있어.
풀이 고양이 두 마리가 있다고 했으므로 고양이 두 마리가 있는 그림 (B)가 정답이다.
Words and Phrases two 2 dog 개

4. Girl: The girl is crying.
   (C)
해석 소녀: 소녀는 울고 있어.
풀이 소녀는 울고 있다고 했으므로 울고 있는 소녀인 (C)가 정답이다.
Words and Phrases cry 울다 laugh 웃다

5. Boy: The boy likes apples.

   (C)
해석 소년: 소년은 사과를 좋아해.
풀이 소년은 사과를 좋아한다고 했으므로 사과를 먹고 있는 소년의 그림인 (C)가 정답이다.

Part B. Listen and Respond (p.30)

6. Girl: How old are you?
   Boy: _____
   (A) I'm eight years old.
   (B) I'm a girl.
   (C) I am sad.
해석 소녀: 너는 몇 살이니?
   소년: _____
   (A) 나는 8살이야.
   (B) 나는 소녀야.
   (C) 나는 슬퍼.
풀이 몇 살인지 나이를 묻는 표현에 대해 자신의 나이를 밝히는 (A)가 가장 적합하다.
Words and Phrases How old are you? 너는 몇 살이니? sad 슬픈

7. Boy: May I go to the bathroom?
   Girl: _____
   (A) I'm sorry.
   (B) Yes, you may.
   (C) It is hot.
해석 소년: 화장실에 가도 될까?
   소녀: _____
   (A) 미안해.
   (B) 응, 너는 갔다 올 수 있어.
   (C) 너무 더워.
풀이 화장실에 가도 되는지에 대한 동의를 묻는 표현으로 가장 적합한 것은 (B)이다.
Words and Phrases bathroom 화장실 hot 뜨거운, 더운

8. Girl: Happy birthday to you!
   Boy: _____
   (A) Good luck!
   (B) Don't worry.
   (C) Thank you!
해석 소녀: 생일 축하해!
   소년: _____
   (A) 행운을 빌어!
   (B) 걱정하지마.
   (C) 고마워!
풀이 생일을 축하한다는 표현에 대해서는 감사함을 표시하는 대답인 (C)가 가장 적합하다. (A)의 '행운을 빌어'라는 표현은 시험이나 중요한 사건을 앞두고 있을 때 하는 말로 적합한 표현이다.
Words and Phrases birthday 생일 good luck 행운을 빌어

9. Boy: Can I borrow a pencil?

Girl: _____

(A) Here you go.

(B) It's cold.

(C) It's yellow.

해석 소년: 연필을 빌릴 수 있을까?

소녀: _____

(A) 여기 있어.

(B) 춥다.

(C) 그것은 노란색이야.

풀이 연필을 빌릴 수 있냐는 소년의 질문에 대한 대답으로는 빌려주겠다는 뜻을 내포한 표현인 (A)가 정답이다.

Words and Phrases here you go 여기 있어 cold 추운 borrow 빌리다

10. Girl: Is he sad?

Boy: _____

(A) I love dogs.

(B) No, he's happy.

(C) That's okay.

해석 소녀: 그는 슬퍼하고 있니?

소년: _____

(A) 나는 강아지를 사랑해.

(B) 아니, 그는 행복해하고 있어.

(C) 괜찮아.

풀이 그가 슬퍼하고 있냐고 상태를 묻는 소녀의 물음에 대한 답으로 적절한 것은 (B)이다.

Words and Phrases happy 행복한 that's okay 괜찮아

Part C. Listen and Retell (p.31)

11. Boy: This is my family.

Girl: You have a tall father.

Question: Which one is the boy's family?

(A)

해석 소년: 여기는 나의 가족이야.

소녀: 너는 키가 크신 아버지가 있구나.

질문: 어떤 가족이 소년의 가족입니까?

풀이 소년이 자신의 가족을 소개하는 말에 대해 소녀가 소년의 아버지가 키가 크다고 말했으므로 키가 큰 아버지를 가진 가족의 그림인 (A)가 정답이다.

Words and Phrases family 가족 tall (키가) 큰

12. Girl: Do you like to sing?

Boy: Yes, I love to sing.

Question: Can the boy sing?

(C)

해석 소녀: 너는 노래하는 것을 좋아하니?

소년: 응, 나는 노래하는 것을 좋아해.

질문: 소년은 노래를 부를 수 있습니까?

풀이 소녀가 노래하는 것을 좋아하는지에 대한 물음의 대답으로 소년이 노

래하는 것을 좋아한다고 했으므로 소년이 행복하게 노래를 부르는 모습인 (C)가 정답이다.

Words and Phrases sing 노래하다

13. Boy: It's cold.

Girl: It's rainy, too.

Question: How is the weather?

(B)

해석 소년: 오늘 춥다.

소녀: 비도 와.

질문: 날씨는 어떻습니까?

풀이 소년이 춥다고 한 말에 대해서 소녀도 비가 온다고 이야기하고 있기 때문에 비가 오는데 추운 날씨인 것을 가리키는 (B)가 정답이다.

Words and Phrases rainy 비가 오는 too 너무, 역시 weather 날씨

14. Girl: I ride my bike.

Boy: I walk to school.

Question: How do they get to school?

(C)

해석 소녀: 나는 자전거를 타고 가.

소년: 나는 학교에 걸어가.

질문: 그들은 학교에 어떻게 갑니까?

풀이 소년은 학교에 걸어간다고 하고 있고 소녀는 자전거를 타고 간다고 말하고 있다. 질문은 소년과 소녀가 학교를 가는 방법에 관한 것이므로 자전거를 탄 소녀와 걸어서 가는 소년의 모습을 담은 (C)가 정답이다.

Words and Phrases ride a bike 자전거를 타다 walk 걷다 school 학교

15. Boy: Is she a teacher?

Girl: No, she is a doctor.

Question: What does she do?

(C)

해석 소년: 그녀는 선생님이니?

소녀: 아니야, 그녀는 의사야.

질문: 그녀의 직업은 무엇입니까?

풀이 소년이 그녀가 선생님이냐고 묻자 소녀가 아니라고 하며 그녀의 직업이 의사라고 말했으므로 의사 그림이 있는 (C)가 정답이다.

Words and Phrases teacher 선생님 doctor 의사

16. Girl: My English class is fun. My teacher has a white pen and a big green eraser. She sings the ABCs. I can sing my ABCs, too.

Question: What color is the teacher's eraser?

(A) green

(B) white

(C) black

해석 소녀: 나의 영어 수업은 재미있다. 나의 선생님은 하얀색 펜과 큰 초록색 지우개를 가지고 있다. 그녀는 ABC노래를 부른다. 나도 역시 ABC노래를 부를 수 있다.

질문: 선생님의 지우개 색깔은 무엇입니까?

(A) 초록색

(B) 흰색

(C) 검정색

풀이 소녀가 자신의 선생님의 지우개 색깔은 초록색이라고 했으므로 정답은 (A)이다.
Words and Phrases big 큰 green 초록색 white 하얀색 black 검정색

17. Boy: I love the winter. It's cold and there is so much snow. I like to make snowmen and have a snowball fight with my friends. I don't like the summer. It's too hot.
    Question: What season does the boy like?
    (A) summer
    (B) spring
    (C) winter
해석 소년: 나는 겨울을 좋아한다. 겨울은 춥고 엄청나게 많은 눈이 온다. 나는 친구들과 눈사람을 만들고, 눈싸움 하는 것을 좋아한다. 나는 여름을 좋아하지 않는다. 여름은 너무 덥다.
    질문: 소년이 좋아하는 계절은 무엇입니까?
    (A) 여름
    (B) 봄
    (C) 겨울
풀이 소년은 춥고 눈이 많이 오는 겨울을 좋아한다고 말하고 있고 여름은 더워서 싫어한다고 말하고 있기 때문에 (C)가 정답이다.
Words and Phrases winter 겨울 snow 눈 summer 여름

18. Girl: Today, I am going to my grandmother's house. I live in Seoul. Her house is very far from my house. She lives in Busan. But, I like her house because it is near the sea. I am going there by train.
    Question: How does the girl go to her grandmother's house?
    (A) by car
    (B) by train
    (C) by airplane
해석 소녀: 오늘, 나는 나의 할머니의 집에 갈 것이다. 나는 서울에 산다. 그녀의 집은 나의 집에서 매우 멀다. 그녀는 부산에 살고 있다. 그러나 나는 그것이 바다 근처에 있기 때문에 그녀의 집을 좋아한다. 나는 그곳에 기차를 타고 간다.
    질문: 소녀는 할머니의 집에 어떻게 갑니까?
    (A) 자동차로
    (B) 기차로
    (C) 비행기로
풀이 소녀는 자신이 할머니 댁에 갈 때에는 기차를 타고 간다고 하고 있으므로 질문에 대한 정답은 (B)이다.
Words and Phrases train 기차 far 먼, 멀리 있는 from ~로부터

19. Boy: I have a sister. She is 2 years old, and she cannot walk. I want to play ball games with her. I hope she can walk and run very soon.
    Question: What does the boy want to do with his sister?
    (A) to play ball games
    (B) to run around
    (C) to study English

해석 소년: 나에게는 여동생이 있다. 그녀는 2살이고 걷지 못한다. 나는 그

녀와 공놀이를 하고 싶다. 나는 그녀가 곧 걸을 수 있게 되고 뛸 수 있기를 희망한다.
    질문: 소년이 그의 여동생과 같이 하고 싶어 하는 것은 무엇입니까?
    (A) 공놀이
    (B) 뛰어 다니기
    (C) 영어 공부하기
풀이 소년은 여동생과 공놀이를 하고 싶다고 했으므로 정답은 (A)이다.
Words and Phrases sister 여동생, 언니/누나 hope 희망하다
                   soon 곧, 금방

20. Girl: Outside, it is raining. I don't like when it rains. I get all wet, and I cannot play outside with my friends.
    Question: Why does the girl NOT like the rain?
    (A) Because she can play.
    (B) Because she gets wet.
    (C) Because she gets cold.
해석 소녀: 밖에는 비가 오는 중이다. 나는 비가 올 때를 좋아하지 않는다. 나는 젖게 되고 나는 나의 친구들과 바깥에서 놀 수 없다.
    질문: 왜 소녀는 비가 오는 것을 싫어합니까?
    (A) 놀 수 있기 때문이다.
    (B) 젖기 때문이다.
    (C) 감기에 걸리기 때문이다.
풀이 소녀는 비가 오면 젖어서 바깥에서 놀 수 없기 때문에 비가 오는 것을 싫어한다고 했으므로 (B)가 정답이다.
Words and Phrases wet 젖은 play with friend 친구랑 놀다
                   get cold 감기에 걸리다

SECTION II READING AND WRITING

Part A. Sentence Completion (p.35)

1. Pizza is _____ favorite food.
    (A) I
    (B) me
    (C) my
    (D) mine
해석 피자는 내가 가장 좋아하는 음식이다.
    (A) 1인칭 단수 주격대명사
    (B) 1인칭 단수 목적격대명사
    (C) 1인칭 단수 소유격대명사
    (D) 1인칭 단수 소유대명사
풀이 명사 앞 자리에 소유격 인칭대명사가 와야 하므로 정답은 (C)이다.
Words and Phrases favorite 가장 좋아하는

2. I wear socks _____ my feet.
    (A) on
    (B) up
    (C) under
    (D) behind

해석 나는 양말을 나의 발 위에 신는다.
    (A) ~위에
    (B) 위쪽에
    (C) ~아래에
    (D) ~뒤에
풀이 양말은 발 위에 신는 것이므로 정답은 (A)이다.
Words and Phrases wear (옷을) 입다, (양말을) 신다   socks 양말

3. Please _____ on the light. It's dark!
    (A) turn
    (B) turns
    (C) turner
    (D) turning
해석 불 좀 켜줘. 어둡네!
    (A) 켜다
    (B) 켜다(3인칭 단수)
    (C) 돌리는 사람
    (D) 돌리는
풀이 'Please' 뒤에는 동사원형이 와야 하므로 정답은 (A)이다.
Words and Phrases turn on 켜다   dark 어두운

4. An ant _____ a very small insect.
    (A) is
    (B) am
    (C) are
    (D) can
해석 개미는 매우 작은 벌레이다.
    (A) 3인칭 단수 현재형
    (B) 1인칭 단수 현재형
    (C) 1인칭 복수 현재형 또는 2인칭 단수/복수 현재형
    (D) 조동사; 할 수 있다
풀이 'An ant'는 3인칭 단수이고, 그에 따라 be동사 'is'를 쓰므로 정답은
    (A)이다.
Words and Phrases ant 개미   insect 벌레

5. I am sorry, _____ I cannot do it.
    (A) or
    (B) but
    (C) when
    (D) before
해석 미안하지만, 나는 할 수 없습니다.
    (A) 또는
    (B) 하지만
    (C) ...(할) 때
    (D) ...(하기) 전에
풀이 빈칸 뒤에 미안함의 이유가 나와있고 해석이 '미안하지만 ~'이 되는 것
    이 적절하므로 정답은 (B)이다.
Words and Phrases cannot 할 수 없다

Part B. Situational Writing (p.36)

6. The woman _____ at the store.
    (A) reads the books
    (B) buys the shirts
    (C) wears the sunglasses
    (D) has the hats
해석 그 여자는 가게에서 셔츠를 산다.
    (A) 책을 읽는다
    (B) 셔츠를 산다
    (C) 선글라스를 쓴다
    (D) 모자를 가지고 있다
풀이 그림에서 여자가 가게에서 셔츠를 구매하고 있으므로 (B)를 선택하는
    것이 알맞다.
Words and Phrases store 가게   shirt 셔츠   wear 입다, 착용하다
                   sunglasses 선글라스

7. The girl _____ a hamburger.
    (A) is making
    (B) is drinking
    (C) is eating
    (D) is cleaning
해석 소녀는 햄버거를 먹는 중이다.
    (A) 만드는 중이다
    (B) 마시는 중이다
    (C) 먹는 중이다
    (D) 청소하는 중이다
풀이 그림에서 소녀가 햄버거를 먹고 있으므로 (C)를 선택하는 것이 알맞다.
Words and Phrases make 만들다   clean 닦다, 청소하다

8. The boy _____.
    (A) holds a bag
    (B) wears rain boots
    (C) wears a raincoat
    (D) holds an umbrella
해석 그 소년은 우산을 들고 있다.
    (A) 가방을 들고 있다
    (B) 장화를 신고 있다
    (C) 우비를 입고 있다
    (D) 우산을 들고 있다
풀이 그림에서 소년이 우산을 들고 있으므로 (D)를 선택하는 것이 알맞다.
Words and Phrases hold 쥐다, 들다, 잡다   rain boots 장화   raincoat 우비

9. The school is _____ the bookstore.
    (A) behind
    (B) next to
    (C) between
    (D in front of
해석 학교는 서점 옆에 있다.
    (A) 뒤에

(B) 옆에

(C) 사이에

(D) 앞에

풀이 그림에서 학교가 서점의 옆에 있음을 알 수 있으므로 (B)를 선택하는 것이 알맞다.

Words and Phrases bookstore 서점 behind ~뒤에 next to ~옆에 between ~사이에 in front of ~의 앞에

10. The girl _____ the cake.

(A) makes

(B) cuts

(C) eats

(D) gets

해석 소녀는 케이크를 자른다.

(A) 만들다

(B) 자르다

(C) 먹다

(D) 얻다

풀이 그림에서 소녀가 케이크를 자르고 있으므로 자른다는 뜻의 (B)를 선택하는 것이 알맞다.

Words and Phrases cut 자르다 get 얻다, 가지다

Part C. Reading and Retelling (p.38)

[11-12]

11. Who is wearing a purple shirt?

(A) Peter

(B) Sam

(C) Andy

(D) John

12. What does Peter play?

(A) flute

(B) piano

(C) violin

(D) guitar

해석

> 4명의 남자 아이들이 악기 연주를 하고 있는 그림.
>
> Peter – 바이올린
>
> John – 플루트
>
> Andy – 드럼
>
> Sam – 클라리넷

11. 보라색 셔츠를 입고 있는 사람은 누구 입니까?

(A) Peter

(B) Sam

(C) Andy

(D) John

12. Peter는 무슨 악기를 연주하고 있는가?

(A) 플루트

(B) 피아노

(C) 바이올린

(D) 기타

풀이 보라색 셔츠를 입고 있는 사람은 John이다. 따라서 11번의 정답은 (D)이다. Peter는 바이올린을 연주하고 있다. 따라서 12번의 정답은 (C)이다.

Words and Phrases flute 플루트 violin 바이올린 guitar 기타

[13-14]

Monday Afternoon TV Program	3 PM	4 PM
Channel 6	Cooking with Mom	Computer World
Channel 7	Let's Learn English	The Little Prince

13. When does "Cooking with Mom" start?

(A) 3:00 PM

(B) 3:30 PM

(C) 4:00 PM

(D) 4:30 PM

14. How long is "Let's Learn English"?

(A) 3:00 PM

(B) 4:00 PM

(C) one hour

(D) two hours

해석 **월요일 오후 TV 프로그램**

	오후 3시	오후 4시
채널 6	엄마와 함께 요리하기	컴퓨터 세계
채널 7	영어를 배웁시다	어린 왕자

13. "엄마와 요리하기"는 언제 시작합니까?

(A) 3시

(B) 3시 30분

(C) 4시

(D) 4시 30분

14. "영어를 배웁시다"는 얼마 동안 합니까?

(A) 3시

(B) 4시

(C) 1시간

(D) 2시간

풀이 "엄마와 요리하기"는 세 시에 시작한다고 나와있으므로 13번의 정답은 (A)이다.

"영어를 배웁시다"는 세 시부터 네 시까지 한 시간 동안 하는 프로그램이므로 14번의 정답은 (C)이다.

자고 했으므로 16번의 정답은 (C)이다.

[15–16]

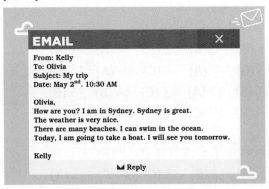

15. Where is Kelly?
   (A) in Seoul
   (B) in London
   (C) in Sydney
   (D) in New York

16. When will Kelly see Olivia?
   (A) on May 1ˢᵗ
   (B) on May 2ⁿᵈ
   (C) on May 3ʳᵈ
   (D) on May 4ᵗʰ

해석

> 이메일
>
> 보내는 사람: Kelly
>
> 받는 사람: Olivia
>
> 제목: 내 여행
>
> 날짜: 5월 2일 오전 10시 30분
>
> Olivia,
>
> 어떻게 지내니? 나는 시드니에 있어. 시드니는 너무 좋아. 날씨가 너무 좋아. 해변도 많아. 나는 바다에서 수영할 수 있어. 오늘 나는 배를 타러 갈 거야. 그럼 내일 봐.
>
> Kelly

15. Kelly는 어디에 있습니까?
(A) 서울
(B) 런던
(C) 시드니
(D) 뉴욕

16. Kelly는 Olivia를 언제 볼 것입니까?
(A) 5월 1일
(B) 5월 2일
(C) 5월 3일
(D) 5월 4일

풀이 Kelly는 이메일에 자신이 시드니에 있다고 이야기하고 있으므로 15번의 정답은 (C)이다.

Kelly가 Olivia에게 메일을 보낸 날짜는 5월 2일이고 Olivia에게 내일 보

[17–18]

There lives an ant. He wants to drink water. He goes near the water, but he falls into the water. A dove sees the ant in the water. She gives a leaf to the ant.

17. Why does the ant go to the water?
   (A) Because the ant wants to swim.
   (B) Because the ant wants to see a dove.
   (C) Because the ant wants to drink water.
   (D) Because the ant wants to fall into the water.

18. Who sees the ant falling?
   (A) a dove
   (B) a leaf
   (C) an ant
   (D) a water

해석 개미 한 마리가 살고 있다. 개미는 물을 마시고 싶다. 개미는 물 가까이에 가지만 물에 빠진다. 비둘기가 물에 빠진 개미를 본다. 비둘기는 개미에게 나뭇잎을 준다.

17. 개미는 왜 물 가까이 갑니까?
(A) 수영을 하고 싶었기 때문이다.
(B) 비둘기를 보고 싶었기 때문이다.
(C) 물을 마시고 싶었기 때문이다.
(D) 물에 뛰어들고 싶었기 때문이다.

18. 누가 개미가 빠진 것을 봤습니까?
(A) 비둘기
(B) 나뭇잎
(C) 개미
(D) 물

풀이 본문 두 번째 문장 "He wants to drink water"에서 개미가 물을 마시고 싶어한다는 것을 알 수 있으므로 17번의 정답은 (C)이다.
본문 "A dove sees the ant falling"에서 비둘기가 개미가 물에 빠진 것을 보았다는 것을 알 수 있으므로 18번의 정답은 (A)이다.

Words and Phrases dove 비둘기 drink 마시다 fall 빠지다
want to ~를 하고 싶다

[19–20]

Children need to eat many kinds of foods. They should eat meat, vegetables, grain, fruits and milk products every day. Children should eat well to grow big and tall.

19. How often do children need to eat vegetables?
   (A) every day
   (B) sometimes
   (C) once a week
   (D) twice a week

20. Why should children eat well?
   (A) to be fat
   (B) to sleep well

(C) to get old

(D) to grow big

해석 아이들은 다양한 음식을 먹어야 한다. 아이들은 고기, 채소, 곡물, 과일 그리고 유제품을 매일 먹어야 한다. 아이들은 크게 자라고 키가 크기 위해 잘 먹어야 한다.

19. 얼마나 자주 아이들은 채소를 먹어야 합니까?

(A) 매일

(B) 때때로

(C) 일주일에 한 번

(D) 일주일에 두 번

20. 왜 아이들은 잘 먹어야 합니까?

(A) 뚱뚱해지기 위해서

(B) 잘 자기 위해서

(C) 나이 들기 위해서

(D) 크게 자라기 위해서

풀이 본문 "They should eat meat, vegetables, grain, fruits and milk products everyday"에서 야채를 포함한 식품을 매일 먹어야 한다고 하는 것을 알 수 있으므로 19번의 정답은 (A)이다.

본문 세 번째 문장 "Children should eat well to grow big and tall"에서 크게 자라기 위해 잘 먹어야 한다는 것을 알 수 있으므로 20번의 정답은 (D)이다.

Words and Phrases everyday 매일 sometimes 가끔 once 한 번 twice 두 번 fat 뚱뚱한 old 늙은

TOSEL STARTER

실전 3회

Section I Listening and Speaking

1 (B)	2 (B)	3 (A)	4 (A)	5 (C)
6 (B)	7 (A)	8 (C)	9 (A)	10 (C)
11 (B)	12 (A)	13 (C)	14 (B)	15 (B)
16 (B)	17 (C)	18 (C)	19 (B)	20 (C)

Section II Reading and Writing

1 (A)	2 (B)	3 (C)	4 (A)	5 (A)
6 (C)	7 (D)	8 (C)	9 (A)	10 (D)
11 (C)	12 (D)	13 (B)	14 (C)	15 (D)
16 (B)	17 (C)	18 (A)	19 (A)	20 (D)

SECTION I LISTENING AND SPEAKING

Part A. Listen and Recognize (p.45)

1. Boy: I am walking in the rain.
   (B)
해석 소년: 나는 빗속에서 걷고 있어.
풀이 소년은 빗속에서 걷고 있다고 했으므로 정답은 (B)이다.
Words and Phrases swim 수영하다 walk 걷다 rain 비 snow 눈

2. Girl: I am sleepy.
   (B)
해석 소녀: 나는 졸려.
풀이 소녀는 졸리다고 했으므로 졸린 표정을 짓고 있는 (B)가 가장 적절하다.
Words and Phrases sleepy 졸린 sad 슬픈 happy 기쁜

3. Boy: My mother is a nurse.
   (A)
해석 소년: 나의 엄마는 간호사야.
풀이 간호사 그림이 그려진 (A)가 정답이다.
Words and Phrases nurse 간호사 teacher 선생님 fireman (남자)소방관 firewoman (여자)소방관

4. Girl: The girl is wearing a yellow T-shirt and blue pants.
   (A)
해석 소녀: 소녀는 노란 티셔츠와 파란 바지를 입고 있어.
풀이 노란 티셔츠와 파란 바지를 입고 있는 (A)가 정답이다.
Words and Phrases wear 입다 T-shirt 티셔츠 pants 바지 yellow 노란색 blue 파란색 white 흰색

5. Boy: I can play the violin.
    (C)

해석 소년: 나는 바이올린을 연주할 수 있어.

풀이 바이올린을 연주하고 있는 그림인 (C)가 정답이다.

Words and Phrases can ~할 수 있다 play 연주하다 piano 피아노
                      flute 플루트 violin 바이올린

Part B. Listen and Respond (p.47)

6. Girl: Do you live in Seoul?
    Boy: _____
       (A) So do I.
       (B) Yes, I do.
       (C) No, I am not.

해석 소녀: 너는 서울에 살고 있니?
    소년: _____
    (A) 나도 그래.
    (B) 응, 나는 그래.
    (C) 아니, 나는 아니야.

풀이 Do you~?로 물어봤으므로 대답 역시 do 동사가 들어가야 한다. 따라서 am을 동사로 쓴 (C)는 답이 될 수 없다. (A)의 대답은 상대방과 마찬가지로 자신도 그렇다는 뜻이므로, 주어진 질문에 대한 대답으로 적절치 못하다. 따라서 가장 적절한 대답은 (B)이다.

Words and Phrases live in ~에 살다

7. Boy: How are you?
    Girl: _____
       (A) Very well.
       (B) Good luck.
       (C) No, thank you.

해석 소년: 너는 어떠니?
    소녀: _____
    (A) 매우 좋아.
    (B) 행운을 빌어.
    (C) 아냐, 괜찮아, 고마워.

풀이 How are you?는 상대방의 기분이나 상태를 물어보는 표현이므로 이에 대한 대답으로 가장 적절한 것은 (A)이다.

Words and Phrases luck 행운

8. Girl: I am really hungry.
    Boy: _____
       (A) Did you wash your hands?
       (B) Can I have your hamburgers?
       (C) Would you like some bread?

해석 소녀: 나는 정말 배가 고파.
    소년: _____
    (A) 너는 손을 씻었니?
    (B) 내가 너의 햄버거를 먹어도 되니?
    (C) 빵 좀 먹을래?

풀이 배가 고프다는 표현에 대한 대답으로 뭐 좀 먹지 않겠느냐는 제안이 적절하므로 정답은 (C)이다.

Words and Phrases hungry 배가 고픈 wash hands 손을 씻다
                  have hamburger 햄버거를 먹다
                  Can I ~? 내가 ~를 할 수 있습니까?
                  would like ~하기를 원하다 bread 빵

9. Boy: What subject do you like the most?
    Girl: _____
       (A) I like math the most.
       (B) I like eating apples.
       (C) I look like my father.

해석 소년: 네가 가장 좋아하는 과목은 무엇이니?
    소녀: _____
    (A) 나는 수학을 가장 좋아해.
    (B) 나는 사과 먹는 것을 좋아해.
    (C) 나는 나의 아빠를 닮았어.

풀이 가장 좋아하는 과목에 대해 물었으므로 수학 과목을 가장 좋아한다는 (A)가 정답이다.

Words and Phrases subject 과목 the most 가장 많이 math 수학
                  look like ~를 닮다

10. Girl: Can I go to the bathroom, please?
    Boy: _____
       (A) Me, too.
       (B) Not really.
       (C) All right.

해석 소녀: 화장실에 가도 되겠니?
    소년: _____
    (A) 나도 그래.
    (B) 꼭 그렇지는 않아.
    (C) 그래, 알겠어.

풀이 화장실에 다녀와도 좋겠냐는 물음에 대한 대답으로 (C)가 가장 적절하다.

Words and Phrases bathroom 욕실, 화장실

Part C. Listen and Retell (p.48)

11. Boy: Where are your books?
    Girl: In my room.
    Question: Where are the girl's books?
    (B)

해석 소년: 너의 책들은 어디에 있니?
    소녀: 나의 방에 있어.
    질문: 소녀의 책들은 어디에 있습니까?

풀이 소녀는 책들이 방 안에 있다고 했으므로 정답은 (B)이다. (A)는 도서관, (C)는 교실이다.

12. Girl: Please open the window. It is hot.
    Boy: No problem.

Question: What will the boy do?

(A)

해석 소녀: 창문 좀 열어줘. 더워.

소년: 문제 없어.

질문: 소년은 무엇을 할 예정입니까?

풀이 소년은 창문을 열어달라는 부탁을 받았고, 문제 없다고 대답했다. (소녀의) 부탁에 따라 소년은 창문을 열 것이므로 정답은 (A)이다.

Words and Phrases open the window 창문을 열다

13. Boy: Can I play basketball with my friends?

Woman: Of course you can.

Question: What can the boy do?

(C)

해석 소년: 내가 친구들과 농구를 해도 되겠니?

여자: 물론이지. 너는 농구를 할 수 있어.

질문: 소년이 할 수 있는 것은 무엇입니까?

풀이 소년은 여자에게 농구를 해도 되는지 물었고 여자가 그렇게 해도 좋다고 대답했다. 따라서 소년이 할 수 있는 것은 농구이므로 정답은 (C)이다.

Words and Phrases basketball 농구 help 돕다 sand 모래

14. Woman: Your new bag is under the desk.

Boy: What a surprise! Thank you, mom!

Question: Where is the boy's new bag?

(B)

해석 여자: 너의 새 가방은 책상 아래에 있어.

소년: 이게 무슨 놀라운 일이야! 감사해요, 엄마!

질문: 소년의 새 가방은 어디에 있습니까?

풀이 소년의 새 가방은 책상 아래에 있다고 했으므로 정답은 (B)이다.

Words and Phrases under ~아래에 on ~위에 bed 침대 desk 책상

15. Man: Can I help you?

Girl: I want to buy three bananas and two apples.

Question: What does the girl want to buy?

(B)

해석 남자: 무엇을 도와드릴까요?

소녀: 저는 세 개의 바나나와 두 개의 사과를 사고 싶어요.

질문: 소녀는 무엇을 사고 싶어합니까?

풀이 소녀는 세 개의 바나나와 두 개의 사과를 사고 싶다고 했으므로 정답은 (B)이다.

Words and Phrases Can I help you? 무엇을 도와드릴까요?

buy 사다

16. Girl: It's cold. I want to go home. I will go home by bus.

Question: How will the girl go home?

(A) on foot

(B) by bus

(C) by bicycle

해석 소녀: 춥다. 나는 집에 가고 싶어. 나는 버스를 타고 집에 갈 거야.

질문: 소녀는 어떻게 집에 갑니까?

(A) 걸어서

(B) 버스로

(C) 자전거로

풀이 소녀는 버스를 타고 집에 갈 것이라고 했으므로 정답은 (B)이다.

Words and Phrases go home 집에 가다 how 어떻게

17. Boy: My English teacher, Jessica, is kind and beautiful. I like her very much.

Question: Who is Jessica?

(A) the boy's mother

(B) the boy's friend

(C) the boy's teacher

해석 소년: 나의 영어 선생님 Jessica는 친절하고 아름답다. 나는 그녀를 매우 좋아한다.

질문: Jessica는 누구입니까?

(A) 소년의 어머니

(B) 소년의 친구

(C) 소년의 선생님

풀이 소년은 그의 영어 선생님 Jessica에 대해 설명하고 있으므로 정답은 (C)이다.

Words and Phrases kind 친절한 beautiful 아름다운

18. Girl: I have one yellow hat and two green hats.

Question: How many hats does the girl have all together?

(A) 1

(B) 2

(C) 3

해석 소녀: 나는 한 개의 노란 모자와 두 개의 초록색 모자를 가지고 있다.

질문: 소녀는 모두 몇 개의 모자를 가지고 있습니까?

(A) 1

(B) 2

(C) 3

풀이 소녀는 한 개의 노란 모자와 두 개의 초록색 모자를 가지고 있다고 했다. 다 합해서 총 세 개의 모자를 가지고 있으므로 정답은 (C)이다.

Words and Phrases yellow 노란색 green 초록색 hat 모자

19. Boy: Today, I can't go skating because I have a cold.

Question: Why can't the boy go skating?

(A) because he is late

(B) because he has a cold

(C) because he doesn't like skating

해석 소년: 오늘 나는 감기에 걸렸기 때문에 스케이트를 타러 갈 수가 없어.

질문: 소년은 왜 스케이트를 타러 갈 수가 없습니까?

(A) 그는 늦었기 때문이다.

(B) 그는 감기에 걸렸기 때문이다.

(C) 그는 스케이트를 좋아하지 않기 때문이다.

풀이 그는 오늘 감기에 걸려서 스케이트를 타러 갈 수 없다고 했으므로 정답은 (B)이다.

Words and Phrases go skating 스케이트를 타러 가다

have a cold 감기에 걸리다 late 늦은

20. Girl: I want to buy a pink pencil. It is 2 dollars. I will buy two pink pencils.

Question: How much money will the girl need?
- (A) 1 dollar
- (B) 2 dollars
- (C) 4 dollars

해석 소녀: 나는 분홍색 연필을 사고 싶어. 그것은 2달러야. 나는 두 개의 분홍색 연필을 살 거야.

질문: 소녀는 얼마의 금액이 필요합니까?
- (A) 1달러
- (B) 2달러
- (C) 4달러

풀이 분홍색 연필은 한 개에 2달러이고, 소녀는 두 개의 분홍색 연필을 사고 싶다고 했으므로 총 4달러의 금액인 (C)가 정답이다.

Words and Phrases buy 사다 pencil 연필

SECTION II READING AND WRITING

Part A. Sentence Completion (p.52)

1. _____ are you crying?
- (A) Why
- (B) How
- (C) Where
- (D) Which

해석 너는 왜 울고 있니?
- (A) 왜
- (B) 어떻게
- (C) 어디에
- (D) 어떤

풀이 울고 있는 이유를 묻고 있으므로 정답은 (A)이다.

Words and Phrases cry (기분이 안 좋거나 아파서) 울다

2. I have five _____.
- (A) apple
- (B) apples
- (C) an apple
- (D) an apples

해석 나는 사과가 다섯 개 있다.
- (A) 단수형
- (B) 복수형
- (C) 사과 한 개
- (D) 틀린 표현

풀이 사과의 복수형이 와야 하므로 정답은 (B)이다.

Words and Phrases apple 사과 have 가지다, 있다, 소유하다

3. The bird _____ in the sky.
- (A) fly
- (B) flys
- (C) flies
- (D) flying

해석 그 새는 하늘을 난다.
- (A) 1/2인칭 단수/복수 현재형 또는 3인칭 복수 현재형
- (B) 틀린 표현
- (C) 3인칭 단수 현재형
- (D) 현재분사

풀이 'The bird'는 3인칭 단수이며 '자음+y'로 끝나는 동사의 경우 y를 i로 바꾼 후 '-s/-es'가 붙어야 하므로 정답은 (C)이다.

Words and Phrases fly 날다

4. My dad _____ a vet.
- (A) is
- (B) am
- (C) do
- (D) are

해석 나의 아버지는 수의사이다.
- (A) 3인칭 단수
- (B) 1인칭 단수
- (C) (어떤 동작이나 행위를) 하다
- (D) 2인칭 복수

풀이 3인칭 단수 주어이므로 정답은 (A)이다.

Words and Phrases girl 소녀 hat 모자 table 탁자

5. Hello, _____ old are you?
- (A) how
- (B) what
- (C) when
- (D) where

해석 안녕, 너 몇 살이니?
- (A) 몇
- (B) 무엇
- (C) 언제
- (D) 어디에

풀이 "How old are you?"는 몇 살인지 물어볼 때 쓰는 표현이므로 정답은 (A)이다.

Part B. Situational Writing (p.53)

6. They are in _____ class.
- (A) art
- (B) music
- (C) science
- (D) math

해석 그들은 과학 교실에 있다.
- (A) 미술
- (B) 음악
- (C) 과학
- (D) 수학

풀이 그림에서 아이들이 과학 교실에 있으므로 정답은 (C)이다.

Words and Phrases art 미술, 예술 music 음악 science 과학
math 수학(mathematics의 준말) class 수업, 교실

7. The girl is _____ a computer game.

(A) listening
(B) reading
(C) looking
(D) playing

해석 소녀는 컴퓨터 게임을 하는 중이다.

(A) 듣는
(B) 읽는
(C) 보는
(D) 하는

풀이 그림에서 소녀가 컴퓨터 게임을 하고 있으므로, (D)를 고르는 것이 알맞다.

Words and Phrases listen 듣다 read 읽다 look 보다
computer game 컴퓨터게임

8. The boy _____ a mountain.

(A) rides
(B) runs
(C) climbs
(D) comes

해석 소년은 산을 오른다.

(A) 타다
(B) 달리다
(C) 오르다
(D) 오다

풀이 그림에서 소년이 산을 오르고 있으므로, 산을 오르다, 등반한다는 의미를 가지는 (C)를 택하는 것이 알맞다.

Words and Phrases mountain 산 ride (자전거, 오토바이 등)타다
climb 오르다, 등반하다

9. It is _____.

(A) rainy
(B) sunny
(C) cloudy
(D) bright

해석 비 오는 날씨이다.

(A) 비 오는
(B) 화창한
(C) 흐린
(D) 밝은

풀이 그림에서 비가 오고 있으므로, (A)를 선택하는 것이 알맞다.

Words and Phrases rainy 비가 오는 sunny 화창한 cloudy 흐린

10. The girl wears _____.

(A) blue pants
(B) a purple shirt
(C) a white blouse
(D) a red skirt

해석 소녀는 빨간 치마를 입고 있다.

(A) 파란 바지
(B) 보라색 셔츠
(C) 하얀색 블라우스

(D) 빨간 치마

풀이 그림에서 소녀가 빨간색 치마를 입고 있으므로 정답은 (D)이다.

Words and Phrases pants 바지 blouse 블라우스 skirt 치마

Part C. Reading and Retelling (p.55)

[11-12]

11. Who was born in January?

(A) Alex
(B) Bob
(C) Dora
(D) Kate

12. When is Jason's birthday?

(A) March 3rd
(B) May 15th
(C) August 10th
(D) November 9th

해석

나의 친구들의 생일				
Alex	Bob	Dora	Jason	Kate
8월 10일	3월 3일	1월 21일	11월 9일	5월 15일

11. 1월에 태어난 사람은 누구입니까?

(A) Alex
(B) Bob
(C) Dora
(D) Kate

12. Jason의 생일은 언제입니까?

(A) 3월 3일
(B) 5월 15일
(C) 8월 10일
(D) 11월 9일

풀이 표에서 Dora가 January 21에 태어났다는 것을 알 수 있다. 따라서 11번의 정답은 (C)이다.

표의 4번째 칸에서 Jason의 생일이 November 9 라는 사실을 알 수 있다. 따라서 12번의 정답은 (D)이다.

13. What is NOT on the list?

    (A) milk

    (B) orange juice

    (C) ice cream

    (D) bread

14. How many eggs will Emma buy?

    (A) one

    (B) two

    (C) three

    (D) four

해석

Emma의 쇼핑 목록
– 우유 2개
– 달걀 3개
– 빵 1개
– 오렌지 4개
– 아이스크림 1개

13. 목록에 없는 것은 무엇입니까?

(A) 우유

(B) 오렌지 주스

(C) 아이스크림

(D) 빵

14. Emma는 몇 개의 달걀을 살 것입니까?

(A) 1

(B) 2

(C) 3

(D) 4

풀이 주어진 보기 중에 목록에 없는 것은 (B) orange juice이다. 따라서 13번의 정답은 (B)이다.

Shopping list에 달걀은 3개 있음을 확인할 수 있다. 따라서 14번의 정답은 (C)이다.

15. What kind of party is it?

    (A) Easter party

    (B) Birthday party

    (C) Christmas party

    (D) Halloween party

16. What time does the party start?

    (A) at two o'clock

    (B) at three o'clock

    (C) at four o'clock

    (D) at five o'clock

해석

어린이 할로윈 파티!
다양한 게임. 상품. 그리고 맛있는 음식들을 즐기세요!
날짜: 10월 31일 토요일
장소: Greenhill 도서관
시간: 오후 3시 – 오후 5시

15. 이것은 무슨 종류의 파티입니까?

(A) 부활절 파티

(B) 생일 파티

(C) 크리스마스 파티

(D) 할로윈 파티

16. 파티는 언제 시작입니까?

(A) 2시

(B) 3시

(C) 4시

(D) 5시

풀이 초대장 가장 첫 번째 문장에서 해당 파티가 할로윈 파티임을 알 수 있다. 따라서 15번의 정답은 (D)이다.

초대장 가장 아래에 시간이 제시되어 있다. 시작 시각은 오후 3시이고 마치는 시각은 오후 5시이다. 따라서 16번의 정답은 (B)이다.

Words and Phrases Easter 부활절

[17–18]

I'm Julia. Every Saturday my friend Lisa comes to my house. In the morning, we play chess. After lunch, we usually go to the park. We walk my dog and ride our bicycles. When we get home, we read storybooks together.

17. When does Lisa visit Julia?

    (A) every day

    (B) in the evening

    (C) on Saturdays

    (D) on Sundays

18. What do they do in the morning?

    (A) play chess

    (B) ride bicycles

    (C) walk the dog

    (D) read story books

해석 내 이름은 Julia이다. 매주 토요일 내 친구 Lisa는 우리 집에 온다. 아침에 우리는 체스를 둔다. 점심을 먹은 후, 우리는 주로 공원에 간다. 우리는 강아지와 함께 산책하거나 자전거를 탄다. 집에 돌아와서 우리는 함께 이야기 책을 읽는다.

17. Lisa 는 언제 Julia의 집을 방문합니까?

(A) 매일

(B) 저녁

(C) 토요일마다

(D) 일요일마다

18. 그들은 아침에 무엇을 합니까?

(A) 체스 게임

(B) 자전거 타기

(C) 강아지 산책하기

(D) 이야기 책 읽기

풀이 본문 두 번째 문장 "Every Saturday my friend Lisa comes to my house"에서 Lisa가 매주 토요일에 온다는 사실을 알 수 있으므로 17번의 정답은 (C)이다.

본문 "In the morning, we play chess"에서 그들이 아침마다 체스를 둔다는 것을 알 수 있으므로 18번의 정답은 (A)이다.

Words and Phrases chess 체스 usually 주로 together 함께

[19–20]

I like insects. My favorite is the butterfly. There are many butterflies in our garden. They are very beautiful. I like their colorful wings. I think they look like ribbons. They like to fly over the flowers.

19. Where are the butterflies?

    (A) in the garden

    (B) in the house

    (C) in the river

    (D) in the tree

20. What does the butterfly look like?

    (A) a tie

    (B) a wing

    (C) a flower

    (D) a ribbon

해석 나는 곤충을 좋아한다. 내가 가장 좋아하는 곤충은 나비다. 우리 정원에는 많은 나비들이 있다. 그들은 매우 아름답다. 나는 다양한 색깔을 가진 그들의 날개들을 좋아한다. 나는 그들이 리본처럼 보인다고 생각한다. 그들은 꽃들 위로 날아다니는 것을 좋아한다.

19. 나비들은 어디에 있습니까?

(A) 정원

(B) 집

(C) 강

(D) 나무

20. 나비들은 어떻게 생겼습니까?

(A) 넥타이

(B) 날개

(C) 꽃

(D) 리본

풀이 본문 "There are many butterflies in our garden." 에서 나비들이 정원에 있음을 알 수 있으므로 19번의 정답은 (A)이다.

본문의 "I think they look like ribbons." 에서 글쓴이가 나비를 리본처럼 생겼다고 생각한다는 사실을 통해 알 수 있으므로 20번의 정답은 (D)이다.

Words and Phrases insect 곤충 butterfly 나비

colorful 화려한, 색깔이 다양한 ribbon 리본

TOSEL STARTER

실전 4회

SECTION I LISTENING AND SPEAKING

Part A. Listen and Recognize (p.62)

1. Boy: I am happy.

(A)

해석 소년: 나는 행복해.

풀이 소년은 행복하다고 했으므로 정답은 (A)이다.

Words and Phrases happy 행복한

2. Girl: The doll is pretty.

(C)

해석 소녀: 그 인형은 예뻐.

풀이 소녀는 인형이 예쁘다고 했으므로 정답은 (C)이다.

Words and Phrases doll 인형 pretty 예쁜

3. Boy: Mom is cooking.

(B)

해석 소년: 엄마는 요리를 하고 계셔.

풀이 소년은 엄마께서 요리를 하고 계신다고 했으므로 정답은 (B)이다.

Words and Phrases cook 요리하다

4. Girl: Jack is my brother.

(C)

해석 소녀: Jack은 나의 남동생이야.

풀이 소녀는 Jack이라는 이름을 가진 남동생이 있으므로 정답은 (C)이다.

Words and Phrases brother 남동생, 오빠/형

5. Boy: This is strawberry milk.

(A)

해석 소년: 이것은 딸기 우유야.

풀이 소년은 딸기 우유를 이야기하고 있으므로 정답은 (A)이다.

Words and Phrases strawberry 딸기 milk 우유

Part B. Listen and Respond (p.64)

6. Girl: Happy birthday!

Boy: _____

(A) Thank you.

(B) You're welcome.

(C) That's OK.

해석 소녀: 생일 축하해!

소년: _____

(A) 고마워.

(B) 천만에.

(C) 괜찮아.

풀이 생일을 축하해주는 표현에 대한 대답으로 (A)가 가장 적절하다. (C)는 사과에 대한 대답으로 적절한 표현이다.

7. Boy: When do you sleep?

Girl: _____

(A) In my room.

(B) Tomorrow.

(C) At 10 o'clock.

해석 소년: 너는 언제 자니?

소녀: _____

(A) 내 방에서.

(B) 내일.

(C) 10시에.

풀이 언제 자는지 묻는 질문에 대한 대답으로 (C)가 가장 적절하다.

Words and Phrases when 언제 room 방 tomorrow 내일

8. Girl: Is this your dog?

Boy: _____

(A) No, she is.

(B) Yes, it is.

(C) Yes, he isn't.

해석 소녀: 이것은 너의 개니?

소년: _____

(A) 아니, 그녀는 그래.

(B) 응, 그것은 그래.

(C) 응, 그는 아니야.

풀이 이 개가 너의 개인지 묻는 질문에 대한 대답으로 (B)가 가장 적절하다. Yes라고 대답했으면 뒤에도 긍정의 뜻을 나타내는 is가 와야 하고, No라고 대답하면 뒤에도 부정의 뜻을 나타내는 isn't가 오는 것이 적절하다.

Words and Phrases dog 개

9. Boy: I am 7 years old.

Girl: _____

(A) Me too!

(B) How old are you?

(C) Are you 8 years old?

해석 소년: 나는 7살이야.

소녀: _____

(A) 나도!

(B) 너는 몇 살이니?

(C) 너는 8살이니?

풀이 나이가 7살이라고 얘기하는 표현에 대한 대답으로 (A)가 가장 적절하다. (B)는 상대방의 나이를 모를 때 적절한 표현이다.

Words and Phrases old 나이가 ～인, 늙은

10. Girl: What is her name?

Boy: _____

(A) She is a girl.

(B) Her name is Laura.

(C) That is a ball.

해석 소녀: 그녀의 이름은 무엇이니?

소년: _____

(A) 그녀는 소녀야.

(B) 그녀의 이름은 Laura야.

(C) 그것은 공이야.

풀이 그녀의 이름이 무엇인지 묻는 질문에 대한 대답으로 (B)가 가장 적절하다. (C)는 그것이 무엇이냐는 물음에 대한 대답으로 적절하다.

Words and Phrases what 무엇 girl 소녀 name 이름 ball 공

Part C. Listen and Retell (p.65)

11. Boy: How many pencils do you have?

Girl: I have 5 pencils.

Question: How many pencils does the girl have?

(C)

해석 소년: 너는 몇 개의 연필을 가지고 있니?

소녀: 나는 5개의 연필을 가지고 있어.

질문: 소녀는 몇 개의 연필을 가지고 있습니까?

풀이 소녀는 5개의 연필을 가지고 있다고 대답했으므로 정답은 (C)이다.

Words and Phrases How many ～ 얼마나 많은 have 가지다

pencil 연필

12. Girl: What sport do you like?

Boy: I like baseball.

Question: What sport does the boy like?

(B)

해석 소녀: 너는 무슨 스포츠를 좋아하니?

소년: 나는 야구를 좋아해.

질문: 소년은 무슨 스포츠를 좋아합니까?

풀이 소년은 야구를 좋아한다고 대답했으므로 정답은 (B)이다.

Words and Phrases what 무엇 like ～을 좋아하다 basketball 농구

soccer 축구

13. Boy: Wow. Your T-shirt is pretty.

Girl: Thank you. I think the bear is very cute.

Question: Which T-shirt is the girl's?

(A)

해석 소년: 와. 너의 티셔츠가 정말 예쁘구나.

소녀: 나는 곰이 정말 귀엽다고 생각해.

질문: 어떤 티셔츠가 소녀의 것입니까?

풀이 소녀는 곰이 귀엽다고 했으므로 정답은 곰이 그려진 (A)이다.

Words and Phrases pretty 예쁜 think ～라고 생각하다 bear 곰

very 매우 cute 귀여운 apple 사과 fish 물고기

14. Girl: What is your favorite food?

Boy: I like hamburgers the most.

Question: Which is the boy's favorite food?

(C)

해석 소녀: 네가 가장 좋아하는 음식은 무엇이니?

소년: 나는 햄버거를 가장 좋아해.

질문: 어떤 것이 소년이 가장 좋아하는 음식입니까?

풀이 소년은 햄버거를 가장 좋아한다고 했으므로 정답은 햄버거가 그려진 (C)이다.

Words and Phrases favorite 가장 좋아하는

15. Boy: Where do you live?

Girl: I live near the mountain.

Question: Where is the girl's house?

(C)

해석 소년: 너는 어디에 사니?

소녀: 나는 산 가까이에서 살아.

질문: 소녀의 집은 어디입니까?

풀이 소녀는 산 가까이에 산다고 했으므로 정답은 (C)이다.

Words and Phrases where 어디 live 살다 near ～ 가까이에

mountain 산 house 집

16. Girl: My sister is a student. She studies math very hard. She sometimes teaches me math.

Question: What does the sister teach?

(A) science

(B) math

(C) English

해석 소녀: 나의 언니는 학생이다. 그녀는 수학을 매우 열심히 공부한다. 그녀는 가끔 내게 수학을 가르쳐준다.

질문: 언니가 가르치는 건 무엇입니까?

(A) 과학

(B) 수학

(C) 영어

풀이 언니는 수학을 열심히 공부하고 내게 가끔 수학을 가르쳐준다고 했으므로 정답은 (B)이다.

Words and Phrases sister 여동생. 언니/누나 student 학생 study 공부하다

math 수학 hard 열심히 sometimes 가끔

teach 가르치다

17. Boy: Tom's grandpa is very old. He is very kind to children.

Tom is lucky to have such a grandpa.

Question: Who is very kind to children?

(A) **Tom's grandpa**

(B) Tom's mother

(C) Tom's brother

해석 소년: Tom의 할아버지는 매우 늙으셨다. 그는 아이들에게 매우 친절하다. Tom은 그러한 할아버지를 둔 것이 행운이다.

질문: 누가 아이들에게 친절합니까?

(A) **Tom의 할아버지**

(B) Tom의 엄마

(C) Tom의 남동생

풀이 Tom의 할아버지가 아이들에게 친절하다고 했으므로 정답은 (A)이다.

Words and Phrases grandpa 할아버지 kind 친절한
children 아이들 lucky 행운의

18. Girl: I like playing the piano. I want to be a pianist. My sister wants to become a violinist. We will make a great team.

Question: What does the girl like playing?

(A) the violin

(B) the flute

(C) **the piano**

해석 소녀: 나는 피아노를 치는 것을 좋아한다. 나는 피아니스트가 되고 싶다. 나의 여동생은 바이올리니스트가 되고 싶어한다. 우리는 훌륭한 팀을 만들 것이다.

질문: 소녀가 연주하기 좋아하는 것은 무엇입니까?

(A) 바이올린

(B) 플루트

(C) 피아노

풀이 소녀는 피아노 치는 것을 좋아한다고 했으므로 정답은 (C)이다.

Words and Phrases play 연주하다
want to be(come) (장래에) ~가 되기를 원한다
make 만들다 great 훌륭한 team 팀

19. Boy: I watch TV every day after school. Mother tells me to do my homework first, but I usually watch TV first.

Question: What does the boy usually do first?

(A) do homework

(B) watch TV

(C) take a shower

해석 소년: 나는 방과 후에 매일 TV를 본다. 엄마께서는 내게 숙제를 먼저 하라고 말씀하신다. 하지만 나는 보통 TV를 먼저 본다.

질문: 소년이 보통 먼저 하는 것은 무엇입니까?

(A) 숙제를 한다

(B) TV를 본다

(C) 샤워를 한다

풀이 소년은 보통 TV를 먼저 본다고 했으므로 정답은 (B)이다. (A)는 소년의 엄마가 소년에게 먼저 하라고 하는 것이다.

Words and Phrases watch 보다 everyday 매일 after ~후에
tell somebody to v ~에게 V를 하라고 말하다
do homework 숙제를 하다 first 첫째, 먼저

usually 보통

20. Girl: It is very hot today. People are wearing short pants and T-shirts. I don't like this hot weather.

Question: What season is it?

(A) spring

(B) winter

(C) summer

해석 소녀: 오늘은 매우 덥다. 사람들은 짧은 바지와 티셔츠를 입고 있다. 나는 이러한 더운 날씨를 좋아하지 않는다.

질문: 무슨 계절입니까?

(A) 봄

(B) 겨울

(C) 여름

풀이 날씨가 매우 덥고, 사람들이 짧은 옷을 입고 있다고 했으므로 정답은 (C)이다.

Words and Phrases hot 더운 season 계절

SECTION II READING AND WRITING

Part A. Sentence Completion (p.69)

1. _____ has a new pencil case.

(A) I

(B) He

(C) You

(D) They

해석 그는 새 필통을 가지고 있다.

(A) 나

(B) 그

(C) 너

(D) 그들

풀이 문제 빈칸인 주어 다음으로 has가 나오는 것으로 보아 주어는 3인칭 단수형이어야 하므로 정답은 (B)이다.

Words and Phrases pencil case 필통

2. I can smell with _____ nose.

(A) my

(B) you

(C) mine

(D) yours

해석 나는 내 코로 냄새를 맡을 수 있다.

(A) 나의

(B) 너

(C) 나의 것

(D) 너의 것

풀이 '내 코'로 냄새를 맡는 것이므로 정답은 (A)이다.

Words and Phrases smell 냄새를 맡다 with ~와 함께

3. I go to school _____ 8 o'clock.

    (A) at

    (B) in

    (C) on

    (D) to

해석 나는 학교를 8시에 간다.

    (A) ~에

    (B) ~안에

    (C) ~위에

    (D) ~에게

풀이 시간을 나타내는 명사 8 o'clock 앞에는 전치사 at을 사용하므로 정답은 (A)이다.

Words and Phrases at ~에 clock 시간

4. I _____ a book every day.

    (A) read

    (B) reads

    (C) reading

    (D) is reading

해석 나는 매일 책을 읽는다.

    (A) 읽다

    (B) 읽다(3인칭 단수)

    (C) 읽는

    (D) 읽고 있는

풀이 현재시제로 표현할 때 1인칭 주어 뒤에 동사원형이 와야 하므로 정답은 (A)이다.

Words and Phrases book 책

5. We _____ five classes today.

    (A) am

    (B) are

    (C) has

    (D) have

해석 우리는 오늘 다섯 개의 수업이 있다.

    (A) ~이다(1인칭 단수)

    (B) ~이다

    (C) 가지고 있다(3인칭 단수)

    (D) 가지고 있다

풀이 주어가 3인칭 복수이며 '~있다'라는 해석이 되어야 하므로 정답은 (D)이다.

Words and Phrases class 수업

Part B. Situational Writing (p.70)

6. The man _____ the ice cream.

    (A) sells

    (B) buys

    (C) eats

    (D) makes

해석 그 남자는 아이스크림을 판다.

    (A) 팔다

    (B) 사다

    (C) 먹다

    (D) 만들다

풀이 그림에서 남자가 아이스크림을 팔고 있으므로 (A)이다.

Words and Phrases sell 팔다 buy 사다 ice cream 아이스크림

7. The girl _____ orange juice.

    (A) eats

    (B) buys

    (C) plays

    (D) drinks

해석 그 소녀는 오렌지 주스를 마신다.

    (A) 먹는다

    (B) 산다

    (C) 논다

    (D) 마신다

풀이 그림에서 소녀가 오렌지 주스를 마시고 있으므로 정답은 (D)이다.

Words and Phrases orange juice 오렌지 주스 drink 마시다

8. The birds _____ in the sky.

    (A) run

    (B) fly

    (C) walk

    (D) crawl

해석 새들은 하늘을 난다.

    (A) 뛰다

    (B) 날다

    (C) 걷다

    (D) 기다

풀이 그림에서 새들이 하늘을 날고 있으므로 정답은 (B)이다.

Words and Phrases run 뛰다 fly 날다 walk 걷다 crawl 기다

9. The girl _____ a letter.

    (A) cleans

    (B) writes

    (C) sends

    (D) goes

해석 그 소녀는 편지를 보낸다.

    (A) 청소하다

    (B) 쓰다

    (C) 보내다

    (D) 가다

풀이 그림에서 소녀가 편지를 보내고 있으므로 정답은 (C)이다.

Words and Phrases letter 편지 write 쓰다 send 보내다

10. The boy buys the _____ shoes.

    (A) blue

    (B) green

    (C) black

    (D) yellow

해석 그 소년은 **노란색** 신발을 산다.

(A) 파란색

(B) 초록색

(C) 검정색

(D) 노란색

풀이 그림에서 소년이 사는 신발이 노란색임을 알 수 있으므로 정답은 (D)이다.

Words and Phrases shoes 신발 blue 파란색 green 초록색
black 검정색 yellow 노란색

Part C. Reading and Retelling (p.72)

[11–12]

11. How many people are there in the picture?

(A) 4

(B) 5

(C) 6

(D) 7

12. What is the dog doing?

(A) playing with the girl

(B) drinking coffee

(C) playing with its brother

(D) playing with the cat

해석 11. 그림에 얼마나 많은 사람이 있습니까?

(A) 4

(B) 5

(C) 6

(D) 7

12. 개는 무엇을 하고 있습니까?

(A) 소녀와 함께 놀기

(B) 커피를 마시기

(C) 그의 오빠와 놀기

(D) 고양이와 놀기

풀이 그림에 6명의 사람이 있으므로 11번의 정답은 (C)이다.

그림에서 소녀가 개와 함께 놀고 있으므로 12번의 답은 (A)이다.

Words and Phrases how many 얼마나 많은 drink 마시다 coffee 커피
cat 고양이

[13–14]

Steven's Vacation Plans

- write in my diary every day
- clean my room
- walk with my dog
- learn how to play badminton
- take French class

13. What does Steven plan to do every day?

(A) to walk with his dog

(B) to write in his diary

(C) to clean his room

(D) to take French class

14. What is NOT in his plans for the vacation?

(A) learning French

(B) taking class

(C) walking with his animal

(D) going on a trip

해석

Steven의 방학 계획
– 나의 일기 매일 쓰기
– 나의 방 청소하기
– 나의 개 산책시키기
– 배드민턴 치는 방법 배우기
– 프랑스어 수업 듣기

13. 매일 해야 할 Steven의 계획은 무엇입니까?

(A) 그의 개 산책시키기

(B) **그의 일기 쓰기**

(C) 그의 방 청소하기

(D) 프랑스어 수업 듣기

14. 그의 방학 계획이 아닌 것은 무엇입니까?

(A) 프랑스어 배우기

(B) 수업 듣기

(C) 그의 동물을 산책시키기

(D) **여행 가기**

풀이 그림의 Steven의 계획을 보면, 그는 매일 일기를 쓰겠다고 한다. 따라서 13번의 매일 해야 하는 계획은 (B)임을 알 수 있다.

14번의 (D) 여행가기는 Steven의 방학 계획으로 나와있지 않다.

Words and Phrases vacation 방학 plan 계획 diary 일기
walk 걷다, 산책시키다 badminton 배드민턴
French 프랑스어

[15–16]

15. How many pigs are there?

(A) five

(B) six

(C) ten

(D) fourteen

16. What group has only four animals?

    (A) cows

    (B) lions

    (C) birds

    (D) pigs

해석

> 막대 그래프로 동물의 수를 나타낸 그림
>
> 새 4마리 / 돼지 6마리 / 소 10마리 / 사자 14마리

15. 돼지는 몇 마리가 있습니까?

(A) 5

(B) 6

(C) 10

(D) 14

16. 4마리의 동물이 있는 그룹은 무엇입니까?

(A) 소

(B) 사자

(C) 새

(D) 돼지

풀이 돼지는 6마리 있으므로 15번의 정답은 (B)이다.

    새가 4마리 있으므로 16번의 정답은 (C)이다.

Words and Phrases cow 소 lion 사자 bird 새 pig 돼지 animal 동물

[17–18]

Joe goes to "Sunshine Summer Camp." The camp starts on August 27th and ends on August 30th. There are many activities for students. He can take swimming class, cooking class, and climbing class. Joe wants to make new friends there.

17. What is NOT in the camp program?

    (A) swimming class

    (B) climbing class

    (C) cooking class

    (D) dance class

18. When will the camp start?

    (A) August 7th

    (B) August 17th

    (C) August 27th

    (D) August 30th

해석 Joe는 "행복한 여름 방학 캠프"에 간다. 캠프는 8월 27일에 시작하고, 8월 30일에 끝난다. 그곳에는 학생들을 위한 많은 프로그램이 있다. 그는 수영 수업, 요리 수업, 등반 수업을 들을 수 있다. Joe는 그곳에서 새로운 친구를 사귀기를 원한다.

17. 캠프 프로그램 안에 있지 않은 것은 무엇입니까?

(A) 수영 수업

(B) 등반 수업

(C) 요리 수업

(D) 춤 수업

18. 캠프는 언제 시작합니까?

(A) 8월 7일

(B) 8월 17일

(C) 8월 27일

(D) 8월 30일

풀이 본문을 보면, 캠프 프로그램은 수영, 등반, 요리 수업이 있는 걸 알 수 있다. 따라서, 17번의 정답은 (D)이다.

    캠프가 8월 27일에 시작한다고 나와있으므로 18번의 정답은 (C)이다.

Words and Phrases vacation 방학 program 프로그램, 계획

    take 수업을 듣다 climbing 등반, 등산

    make friends 친구를 사귀다

[19–20]

My friend Tom is eight years old. His mom is a nurse, and his dad is a teacher. He has a sister. Her name is Amily. She is ten years old. He likes to play basketball and sing with his sister.

19. How old is Tom?

    (A) eight

    (B) nine

    (C) ten

    (D) eleven

20. What does Tom like?

    (A) singing and playing tennis

    (B) playing soccer and badminton

    (C) singing and playing basketball

    (D) singing and dancing

해석 나의 친구 Tom은 8살이다. 그의 엄마는 간호사이시고, 그의 아빠는 선생님이시다. 그는 누나가 있다. 그녀의 이름은 Amily이다. 그녀는 10살이다. 그는 그의 누나와 농구를 하거나 노래하는 것을 좋아한다.

19. Tom은 몇 살입니까?

(A) 8

(B) 9

(C) 10

(D) 11

20. Tom은 무엇을 좋아합니까?

(A) 노래 하기와 테니스 치기

(B) 축구 하기와 배드민턴 하기

(C) 노래 하기와 농구 하기

(D) 노래 하기와 춤추기

풀이 본문의 첫 문장에서 Tom이 8 살이라는 사실을 알 수 있다. 따라서 정답은 (A)이다.

    본문에서 Tom이 농구하는 것과 노래 부르는 것을 좋아한다고 하므로 20번의 정답은 (C)임을 알 수 있다.

Words and Phrases nurse 간호사 teacher 선생님 basketball 농구

    soccer 축구

TOSEL STARTER

실전 5회

SECTION I LISTENING AND SPEAKING

Part A. Listen and Recognize (p.79)

1. Boy: My bag is on the desk.
　　(B)
해석 소년: 내 가방은 책상 위에 있어.
풀이 책상 위에 가방이 있는 그림 (B)가 정답이다.
Words and Phrases desk 책상

2. Girl: She looks happy.
　　(A)
해석 소녀: 그녀는 행복해 보여.
풀이 웃는 얼굴인 (A)가 정답이다.
Words and Phrases look ～ 보다, 바라보다

3. Boy: My dad is a doctor.
　　(A)
해석 소년: 나의 아버지는 의사야.
풀이 의사를 나타내는 (A)가 정답이다.
Words and Phrases doctor 의사

4. Girl: She is Chinese.
　　(C)
해석 소녀: 그녀는 중국인이야.
풀이 중국 전통 옷을 입은 (C)가 정답이다.
Words and Phrases Chinese 중국인

5. Boy: Min-su takes a picture.

　　(C)
해석 소년: 민수는 사진을 찍고 있어.
풀이 사진을 찍고 있는 그림 (C)가 정답이다.
Words and Phrases take～ ～를 찍다 picture 사진

Part B. Listen and Respond (p.81)

6. Girl: How are you?
　　Boy: _____
　　(A) Very well, thank you.
　　(B) I am sorry.
　　(C) You are welcome.
해석 소녀: 어떻게 지내?
　　소년: _____
　　(A) 잘 지내, 고마워.
　　(B) 미안해.
　　(C) 천만에.
풀이 어떻게 지내는지를 묻는 질문에 대한 대답으로 잘 지낸다는 내용의 (A)
　　가 가장 적절하다.

7. Boy: I have a cold.
　　Girl: _____
　　(A) It's rainy.
　　(B) I am cold.
　　(C) That's too bad.
해석 소년: 나 감기 걸렸어
　　소녀: _____
　　(A) 비가 와.
　　(B) 나는 추워.
　　(C) 참 안됐구나.
풀이 감기에 걸린 것 같다는 친구의 말에 대한 대답으로 그것이 안됐다는
　　(C)가 가장 적절하다.
Words and Phrases cold 감기, 추운 rainy 비 오는 too bad 아주 안 좋은

8. Girl: What time does the party start?
　　Boy: _____
　　(A) All the time.
　　(B) At 3 o'clock.
　　(C) Let's start!
해석 소녀: 파티는 몇 시에 시작하나요?
　　소년: _____
　　(A) 항상.
　　(B) 3시.
　　(C) 시작하자!
풀이 파티는 몇 시에 시작하는지 묻는 질문에 시간을 대답한 (B)가 정답이다.
Words and Phrases party 파티 start 시작하다 Let's～ ～를 하자

9. Boy: Would you like some more toast?
　　Girl: _____

(A) Yes, please.

(B) I don't like toast.

(C) I like hamburgers the best.

해석 소년: 토스트 더 줄까?

소녀: _____

(A) 응, 더 먹을래.

(B) 나는 토스트를 싫어해.

(C) 나는 햄버거를 가장 좋아해.

풀이 토스트를 더 주는지를 묻는 질문에 대한 대답으로 더 먹는다는 내용의 (A)가 가장 적절하다.

Words and Phrases Would you like~? ~를 원하니? toast 토스트

please 제발 the best 최고

10. Girl: Look at the flowers.

Boy: _____

(A) They are all busy.

(B) They are beautiful.

(C) They are flying.

해석 소녀: 꽃들을 봐.

소년: _____

(A) 그들은 바빠.

(B) 그것들은 아름다워.

(C) 그것들은 날고 있어.

풀이 꽃을 보라는 말에 아름답다고 대답하는 (B)가 가장 적합하다.

Words and Phrases look at ~를 보아라 busy 바쁜

Part C. Listen and Retell (p.82)

11. Boy: Excuse me, how can I get to the Hyde Park?

Girl: Go straight and turn left.

Question: Where does the boy want to go?

(B)

해석 소년: 실례합니다. Hyde 공원으로 어떻게 가야 합니까?

소녀: 앞으로 가다가 왼쪽으로 가면 됩니다.

질문: 소년은 어디를 가고 싶어합니까?

풀이 Hyde 공원으로 어떻게 가는지 묻는 소년의 질문에 소녀가 가는 길을 설명했으므로 정답은 (B)이다.

Words and Phrases Excuse me 실례합니다

How can I get to~ ~을 어떻게 가나요

straight 앞으로 turn 돌다

12. Girl: What do you do during your summer vacation?

Boy: I go swimming and camping.

Question: What does the boy do during his summer vacation?

(C)

해석 소녀: 여름 방학 동안 무엇을 하니?

소년: 나는 수영이랑 캠핑을 해.

질문: 소년은 여름 방학 동안 무엇을 합니까?

풀이 여름 방학 동안 무엇을 하는지 묻는 소녀의 질문에 소년이 수영과 캠핑

을 한다고 답했으므로 정답은 (C)이다.

Words and Phrases summer vacation 여름 방학 swimming 수영하다

go camping 캠핑을 가다

13. Boy: What is your favorite food?

Girl: I like spaghetti the most.

Question: What is the girl's favorite food?

(B)

해석 소년: 가장 좋아하는 음식은 무엇이니?

소녀: 나는 스파게티를 가장 좋아해.

질문: 소녀가 가장 좋아하는 음식은 무엇입니까?

풀이 가장 좋아하는 음식을 묻는 소년의 질문에 소녀가 스파게티라고 대답했으므로 정답은 (B)이다.

Words and Phrases favorite 가장 좋아하는

14. Girl: I put your jacket on your chair.

Boy: Thank you!

Question: Where is the boy's jacket?

(B)

해석 소녀: 너의 재킷을 의자에 놓았어.

소년: 고마워!

질문: 소년의 재킷은 어디에 있습니까?

풀이 소녀가 소년의 재킷을 의자에 두었다고 이야기했으므로 정답은 (B)이다.

Words and Phrases put 놓다 jacket 재킷

15. Boy: Who is your brother?

Girl: The boy under the tree.

Question: Where is the girl's brother?

(C)

해석 소년: 누가 너의 남동생이야?

소녀: 나무 아래에 있는 소년이야.

질문: 소녀의 남동생은 어디에 있습니까?

풀이 소녀의 남동생이 누구인지 묻는 질문에 소녀가 나무 아래에 있다고 대답했으므로 정답은 (C)이다.

Words and Phrases under ~아래에

16. Woman: Good afternoon, everyone! We are having a math test tomorrow. Please study hard, and don't be late.

Question: When do the students have a math test?

(A) today

(B) yesterday

(C) tomorrow

해석 여자: 좋은 오후에요. 여러분! 내일은 수학 시험이 있습니다. 열심히 공부하고 늦지 마세요.

질문: 학생들은 수학 시험을 언제 봅니까?

(A) 오늘

(B) 어제

(C) 내일

풀이 "We are having a math test tomorrow"에서 수학 시험이 내일임을 알 수 있으므로 정답은 (C)이다.

Words and Phrases everyone 여러분, 모두 test 시험 tomorrow 내일

hard 열심히 late 늦은

17. Boy: I like playing baseball. I want to be a baseball player.
      I practice every day after school.
      Question: What does the boy want to be?
      (A) a teacher
      (B) a baseball player
      (C) a basketball player
해석 소년: 나는 야구 하는 것을 좋아한다. 나는 야구 선수가 되고 싶다. 나
         는 매일 학교가 끝나고 연습한다.
      질문: 소년은 무엇이 되고 싶어 합니까?
      (A) 선생님
      (B) 야구 선수
      (C) 농구 선수
풀이 소년은 야구 선수가 되고 싶다고 말했으므로 정답은 (B)이다.
Words and Phrases play (스포츠를) 하다 baseball 야구 player 선수
                   practice 연습 after ~후에

18. Girl: It's raining now in Seoul. This afternoon it'll be
      sunny. Tomorrow it will rain again.
      Question: How is the weather now in Seoul?
      (A) rainy
      (B) sunny
      (C) cloudy
해석 소녀: 지금 서울은 비가 오고 있다. 오늘 오후는 화창할 것이다. 내일
         은 또 비가 올 것이다.
      질문: 지금 서울은 날씨가 어떻습니까?
      (A) 비가 오는
      (B) 맑음
      (C) 흐림
풀이 소녀는 비가 오고 있다고 말했으므로 정답은 (A)이다.
Words and Phrases rain 비가 오다 now 지금 sunny 화창한
                   again 또 how is ~? ~는 어떻습니까?

19. Boy: My parents and brother are in the living room. Mom
      is looking out the window, and dad is reading a
      newspaper. My brother is watching a cartoon.
      Question: Who is looking out of the window?
      (A) the boy's father
      (B) the boy's brother
      (C) the boy's mother
해석 소년: 우리 부모님과 남동생은 거실에 있다. 엄마는 창 밖을 바라보
         고 있고 아빠는 신문을 읽고 있다. 남동생은 만화를 보고 있다.
      질문: 창 밖을 바라보고 있는 사람은 누구입니까?
      (A) 아빠
      (B) 남동생
      (C) 엄마
풀이 창 밖을 바라보고 있는 사람은 엄마이므로 정답은 (C)이다.
Words and Phrases parents 부모님 living room 거실 window 창문
                   newspaper 신문 cartoon 만화

20. Girl: My friend Jimmy is a good student. Jimmy's from
      Canada and can speak Korean.
      Question: Where does Jimmy come from?
      (A) Korea
      (B) Canada
      (C) America
해석 소녀: 내 친구 Jimmy는 좋은 학생이다. Jimmy는 캐나다에서 왔고 한
         국말을 할 수 있다.
      질문: Jimmy는 어디서 왔습니까?
      (A) 한국
      (B) 캐나다
      (C) 미국
풀이 소녀는 친구인 Jimmy가 캐나다에서 왔다고 말했으므로 정답은 (B)이다.
Words and Phrases student 학생 speak 말하다 come from ~에서 오다

SECTION II READING AND WRITING

Part A. Sentence Completion (p.86)

1. _____ is that tall man?
   (A) Who
   (B) Why
   (C) When
   (D) Which
해석 저기 키 큰 사람은 누구입니까?
   (A) 누구
   (B) 왜
   (C) 언제
   (D) 어느
풀이 키가 큰 사람이 누구인지 묻는 질문이므로 정답은 (A)이다. (B) Why는
   이유, (C) When은 시간을 물어볼 때 쓴다.

2. _____ you speak English well?
   (A) Is
   (B) Do
   (C) Are
   (D) Were
해석 너는 영어를 잘 하니?
   (A) ~이다(1인칭 단수)
   (B) 조동사 Do
   (C) ~이다
   (D) ~였다
풀이 2인칭 주어를 가진 문장이며 평서문으로 바꾸었을 때 조동사가 등장하
   지 않으므로 정답은 (B)이다.

3. Many students _____ to school.
   (A) walk
   (B) walks
   (C) are walk

(D) is walking

해석 많은 학생들이 학교에 걸어간다.

(A) 걷다

(B) 걷다(3인칭 단수)

(C) 틀린 표현

(D) 걷고 있다(3인칭 단수일 때)

풀이 현재시제로 표현할 때 주어가 3인칭 복수로 뒤에 동사원형이 와야 하므로 정답은 (A)이다.

Words and Phrases student 학생   walk 걷다

4. I will visit _____ tomorrow.

(A) they

(B) their

(C) them

(D) they are

해석 나는 내일 그들을 방문할 것이다.

(A) 그들이

(B) 그들의

(C) 그들을

(D) 그들은

풀이 visit의 목적어에 해당하는 목적격이 와야 하므로 정답은 (C)이다. (A)는 주격, (B)는 소유격으로 쓰인다.

Words and Phrases visit 방문하다

5. I always read books _____ night.

(A) at

(B) in

(C) of

(D) on

해석 나는 항상 밤에 책을 읽는다.

(A) ~에

(B) ~안에

(C) ~의

(D) ~위에

풀이 밤을 나타내는 명사 night 앞에는 전치사 at을 사용하므로 정답은 (A)이다.

Words and Phrases always 항상

Part B. Situational Writing (p.87)

6. A squirrel is _____ the tree.

(A) by

(B) under

(C) near

(D) on

해석 다람쥐는 나무 위에 있다

(A) ~에 의해

(B) ~밑에

(C) ~근처에

(D) ~위에

풀이 그림에서 다람쥐가 나무 위에 있으므로 (D)가 가장 적절하다.

Words and Phrases squirrel 다람쥐 by ~에 의해, ~옆에 under ~아래에 near 근처에 on ~위에

7. The girl _____ flowers.

(A) gives

(B) plants

(C) waters

(D) washes

해석 소녀는 꽃을 심는다.

(A) 주다

(B) 심다

(C) 물을 주다

(D) 씻다

풀이 그림에서 소녀가 꽃을 심고 있으므로 심는다는 의미의 (B)가 정답이다.

Words and Phrases plant 심다, 식물 water 물, 물을 주다

8. The girl is _____ in the water.

(A) running

(B) singing

(C) crying

(D) swimming

해석 소녀는 물에서 수영하는 중이다.

(A) 뛰는

(B) 노래하는

(C) 우는

(D) 수영하는

풀이 그림에서 소녀가 수영을 하고 있으므로 (D)가 정답이다.

Words and Phrases run 뛰다 cry 울다

9. The boy _____ a movie ticket.

(A) likes

(B) makes

(C) buys

(D) gives

해석 소년은 영화 표를 산다.

(A) 좋아하다

(B) 만들다

(C) 사다

(D) 주다

풀이 그림에서 소년이 영화표를 사고 있으므로 산다는 의미의 (C)가 정답이다.

Words and Phrases movie 영화 make 만들다 give 주다

10. They _____ a piece of cake.

(A) eat

(B) smell

(C) hear

(D) see

해석 그들은 케이크 한 조각을 먹는다.

(A) 먹다

(B) 냄새를 맡다

(C) 듣다

(D) 보다

풀이 그림에서 아이들이 케이크를 먹고 있으므로 정답은 (A)이다.

Words and Phrases smell 냄새를 맡다 cake 케이크 eat 먹다

hear 듣다 see 보다

Part C. Reading and Retelling (p.89)

[11-12]

11. What are they doing?

(A) doing dishes

(B) planting trees

(C) touching the ground

(D) watering the flowers

12. Where are they?

(A) in the office

(B) in the pond

(C) in the house

(D) in the garden

해석 11. 그들은 무엇을 하고 있습니까?

(A) 접시 닦기

(B) 나무 심기

(C) 땅 짚기

(D) 꽃에 물주기

12. 그들은 어디에 있습니까?

(A) 사무실

(B) 연못

(C) 집

(D) 정원

풀이 가족이 꽃에 물을 주고 있으므로 11번의 정답은 (D)이다.

가족이 정원에서 꽃에 물을 주고 있으므로 12번의 정답은 (D)이다.

Words and Phrases do the dishes(=wash the dishes) 설거지를 하다

plant (나무를)심다 touch 만지다 ground 땅

office 사무실 pond 연못 garden 정원

[13-14]

13. What are the fish doing?

(A) singing

(B) running

(C) cooking

(D) swimming

14. How many crabs are there in the fishbowl?

(A) 1

(B) 2

(C) 3

(D) 4

해석 13. 물고기들은 무엇을 하고 있습니까?

(A) 노래하기

(B) 달리기

(C) 요리하기

(D) 헤엄치기

14. 얼마나 많은 게가 어항 안에 있습니까?

(A) 1

(B) 2

(C) 3

(D) 4

풀이 물고기들은 어항 안에서 헤엄치고 있으므로 13번의 정답은 (D)가 가

장 적절하다.

어항 안에 게가 한 마리 있으므로 정답은 (A)이다.

Words and Phrases crab 게 fishbowl 어항

[15-16]

15. What is the most popular fruit?

(A) grapes

(B) melons

(C) bananas

(D) strawberries

16. How many children like watermelons?

(A) 7

(B) 22

(C) 24

(D) 31

해석

어린이들은 무슨 과일을 좋아합니까?		
멜론 31	/ 바나나 24	/ 수박 22
딸기 33	/ 포도 7	/ 기타 3

15. 가장 인기 있는 과일은 무엇입니까?

(A) 포도

(B) 멜론

(C) 바나나

(D) 딸기

16. 얼마나 많은 어린이들이 수박을 좋아합니까?

(A) 7

(B) 22

(C) 24

(D) 31

풀이 표의 제목은 '학생들이 좋아하는 과일은 무엇입니까?'이다. 따라서 가장

많은 숫자를 얻은 딸기가 학생들이 가장 좋아하는 과일, 즉 가장 인기

있는 과일이라고 할 수 있으므로 15번의 정답은 (D)이다.

수박을 좋아하는 학생의 수는 22명이므로 16번의 정답은 (B)이다.

Words and Phrases fruit 과일 melon 멜론 watermelon 수박

strawberry 딸기 grape 포도

[17-18]

Ann's birthday is on March 8th. She will have a birthday party at her house. Her address is 2341 West Main Street. The party starts at 1 PM. Her mother is making food for the party.

17. When is Ann's birthday?

    (A) March 1ˢᵗ

    (B) March 2ⁿᵈ

    (C) March 7ᵗʰ

    (D) March 8ᵗʰ

18. When does the party start?

    (A) 1:00 PM

    (B) 2:00 PM

    (C) 5:00 PM

    (D) 7:00 PM

해석 Ann의 생일은 3월 8일이다. 그녀는 그녀의 집에서 생일파티를 열 것이다. 그녀의 주소는 West Main 거리 2341이다. 파티는 오후 1시에 시작한다. 그녀의 어머니는 파티를 위해 음식을 만들고 있다.

    17. Ann의 생일은 언제입니까?

    (A) 3월 1일

    (B) 3월 2일

    (C) 3월 7일

    (D) 3월 8일

    18. 파티는 언제 시작합니까?

    (A) 오후 1시

    (B) 오후 2시

    (C) 오후 5시

    (D) 오후 7시

풀이 Ann의 생일은 3월 8일 이므로 17번의 정답은 (D)이다.

    파티는 오후 1시부터 시작한다고 했으므로 18번의 답은 (A)이다.

Words and Phrases have a party 파티를 열다　March 3월

[19–20]

This is an animal. It is tall and big. It has a long nose. It is gray. It has big legs. It uses its nose like a hand. It is much bigger than a dog or a cat. It eats plants and grass.

19. What animal is this?

    (A) a cat

    (B) a dog

    (C) a giraffe

    (D) an elephant

20. What does it look?

    (A) black

    (B) very small

    (C) tall and big

    (D) thin and short

해석 이것은 동물이다. 이것은 키가 크고 몸집도 크다. 이것은 기다란 코를 가지고 있다. 이것은 회색이다. 이것은 커다란 다리를 가지고 있다. 이것은 자신의 코를 손처럼 사용한다. 그것은 개나 고양이보다 훨씬 크다. 이것은 식물과 풀을 먹는다.

    19. 이 동물은 무엇입니까?

    (A) 고양이

    (B) 개

    (C) 기린

    (D) 코끼리

20. 그것은 어떻게 보입니까?

    (A) 검정색

    (B) 매우 작다

    (C) 키가 크고 크다

    (D) 마르고 키가 작다

풀이 지문에서 설명하고 있는 동물은 코끼리이므로 19번의 정답은 (D)이다. 키가 크고 몸집이 크다고 했으므로 20번의 답은 (C)이다.

Words and Phrases tall 키가 큰　short 키가 작은　big 몸집이 큰　small 몸집이 작은　thin 마른　gray 회색　leg 다리　nose 코　hands 손　much　giraffe 기린　elephant 코끼리　bigger than ~보다 훨씬 큰

국제토셀위원회

TOSEL
예상문제집

STARTER